善战者胜

企业战略视角解读《孙子兵法》

A Clever Fighter is the Winner

Reading of Sun Tzu's The Art of War
from the Perspective of
Business Strategy

罗斌 著

ZHEJIANG UNIVERSITY PRESS
浙江大学出版社
·杭州·

图书在版编目（CIP）数据

善战者胜：企业战略视角解读《孙子兵法》/ 罗斌著
. -- 杭州：浙江大学出版社，2023.8
　　ISBN 978-7-308-24088-8

　　Ⅰ．①善… Ⅱ．①罗… Ⅲ．①《孙子兵法》－应用－
企业战略 Ⅳ．①F272.1

中国国家版本馆CIP数据核字(2023)第150633号

善战者胜——企业战略视角解读《孙子兵法》
SHANZHANZHE SHENG: QIYE ZHANLUE SHIJIAO JIEDU SUNZI BINGFA

罗　斌　著

责任编辑　赵　静
责任校对　胡　畔
封面设计　林智广告
出版发行　浙江大学出版社
　　　　　（杭州市天目山路148号　　邮政编码　310007）
　　　　　（网址：http://www.zjupress.com）
排　　版　杭州林智广告有限公司
印　　刷　杭州高腾印务有限公司
开　　本　880mm×1230mm　1/32
印　　张　7
字　　数　200千
版 印 次　2023年8月第1版　2023年8月第1次印刷
书　　号　ISBN 978-7-308-24088-8
定　　价　58.00元

序 ● FOREWORD

罗斌在上海交通大学攻读EMBA学位期间，在我指导下完成了企业战略管理方面的学位论文。我与他虽为师生，实则教学相长，互相学习，所以我称其为"同学"。当罗斌同学告诉我他在写一本关于《孙子兵法》与企业战略管理的著作，并邀我作序时，我是有所顾虑的。但在读了书稿以后，我便欣然应允了。

我一开始的犹豫源自我对古人的经典著作一向敬而远之的态度。原因有三：其一，看到充斥市场的今人对古人经典的解读，多有牵强附会，因此，我对把经典与现实结合的文字提不起兴趣；其二，古人留下的文字中，既有精华，也有糟粕，特别是古人对自然、社会的认识很多方面不如今人，以古人的认识来指导今人的实践，未免对古人过于苛求了；其三，特别是一些经典中的经典，如《孙子兵法》等，怕自己学浅，误读了经典，误导了读者。

但在罗斌的这部著作中，经典兵法与现代理论比较好地结合在了一起。作者从战略管理的视角出发，不仅试图对《孙子兵法》用现代战略管理理论进行解读，而且探讨了如何运用《孙子兵法》来补充相关理论、指导经营管理实践的问题。比如，对企业中"将帅"能力素质模型的探讨，对"天、地、彼、己"战略洞察框架的阐述，对战略布局中"先至胜""任势胜"等战略思想原则的分析，对"奇正"思想在商业模式设计中的应用等，都具有一定的参考性和启发性。

　　战争中两军相争，战争也就是竞争。竞争之道，不在于一城一地之得失，而在于长远，在于为取得最终的胜利而积聚力量，打造优势。这是战争中战略的意义所在。在当今的企业经营中，几乎所有领域都存在激烈的竞争，如何在与对手的激烈较量中建立自身可持续的竞争优势，既是企业的制胜之道，也是企业战略管理的基本目的。在战争与企业经营中，竞争对手是需要关注的重要因素之一。在这个意义上，战争与企业经营是相通的，战争中的思维在企业经营中有用武之地，作为战争中的法宝，《孙子兵法》自然也值得企业经营者关注。

　　在战争中，如果战略谋划失误，可能会让进行具体军事行动的指战员付出几倍的代价，而取得的战果却可能微不足道，所谓"一将无能，累死三军"。值得注意的是，在企业经营的实践中，战略的概念常常被误用，很多企业把追求短期效益的运营行为作为战略，使得企业丧失了主动制定打造可持续竞争优势的战略的机会。正如战略管理大师波特在《什么是战略》中所说："对生产率、质量和速度的追求，催生出大量的管理工具和技巧，比如全面质量管理、标杆法、时基竞争、外包、结盟、企业再造以及变革管理等。尽管很多企业的运营效益因此得到了极大提高……渐渐地，在不知不觉中，管理工具取代了战略。"这就更加凸显了在现代商业环境中，创业者、管理者学习战略思想、把握战略原则的重要性。

我相信通过阅读此书，读者们会有两方面的收获。第一，一次古代经典军事谋略思想的精神之旅。一部仅六千多字的兵书，其言虽简，但其战略战术思想却如此深刻、丰富，历两千年依然熠熠生辉、充满现实价值。第二，一条从兵战思想到商战应用的贯通之路。作者以类似于读书笔记、心得感悟、案例分享的形式，对兵法原则从商业战略角度进行了解读，并较好地融合了实用的分析方法和工具；更重要的是，它可能引发读者新的思考、启发新的运用。

此书的特点之一是言简意赅。我在写此序言时，也时刻提醒自己尽可能简练。因此，书中其他很有价值的观点，这里就不赘述、不剧透了，留待读者慢慢品鉴。让我们一起向"古之善战者"学习，穿越复杂的商业环境，迈向更好的未来！

顾孟迪

上海交通大学安泰经济与管理学院教授

2023 年 5 月 8 日于上海交通大学安泰楼

前　言　● PREFACE

　　《孙子兵法》成书于春秋末期，是世界上现存的最早的兵书，也是影响最广的兵书，甚至被称为"兵学圣典"。在《李卫公问对》中，唐太宗李世民曾说："朕观诸兵书，无出孙武。"英国前空军元帅约翰·斯莱瑟在《中国的军事箴言》中则说道："孙武的思想有惊人之处——把一些词句稍加变换，他的箴言就像是昨天刚写出来的。"

　　《孙子兵法》不仅是一部军事著作，也是一部哲学著作、管理学著作。全书仅六千余字，言简意赅，但博大精深，对经营企业、领导团队极具参考价值。国内外不少知名高校MBA教学中，已开设了"孙子兵法"课程。日本学界对《孙子兵法》的研究一直保持着较高热度。张瑞敏、马云、松下幸之助、孙正义等众多中外企业家，都曾公开表示喜读《孙子兵法》，并对其推崇有加。松下幸之助曾说，"《孙子兵法》是天下第一神灵，我们必须顶礼膜拜，认真背诵，灵活运用，公司才能发达"，并要求部下学习。

　　记得高二那年的暑假，一天在逛书店时，我偶然遇到了《孙子兵法》这本书，读完觉得还不过瘾，就把它背了下来。后来经常把它带在身边，随手翻阅，常读常新。

　　大学毕业后，我进入苏宁集团战略规划部工作，由此开始接触战

PREFACE

略研究、战略管理、组织管理等相关工作。后来进入管理咨询行业，更加系统地学习了战略方法论，为企业提供了不少有关战略研究、战略规划、战略管理体系搭建等方面的咨询服务，因此，逐渐与"战略"结下了不解之缘。

在战略管理中，我们日常所学所用的，基本上都是西方战略管理理论和方法工具，从计划学派到定位理论，从核心能力学说到商业生态理论，从PEST分析、SWOT分析，到价值链分析、波士顿矩阵等，不一而足。这些理论和方法，其优点是逻辑性、结构性强，便于操作应用；缺点是它们一般各自聚焦于某个特定视角，存在一定局限性，这也产生一个现象，即各种新概念、新提法层出不穷。后来，我萌生了一个想法：可不可以尝试将中国古代兵法理论与现代西方企业战略管理思想方法相结合，提供一个古今结合、中西融合又可操作的战略思考框架？这便是此书的由来。

基于这样一个初衷，本书依托《孙子兵法》的核心战略思想，尝试构建一个具有中国传统战略文化特色的企业战略思考框架，并设定了三个具体目标。

一是解读经典。形成从古代兵法思想到当代企业战略管理视角启示的基本解读。立足战略管理视角，而非计策技巧角度，从《孙子兵法》中提取对企业战略管理具有指导意义的思想原则进行解读。虽然时代在发展，具体事物也不断更新迭代，但兵法中的思想精髓历久弥新，仍然可为后人带来诸多指导和启发。

二是融合道术。将古代兵法中的战略思想原则与企业战略管理的基本理念、方法相结合，中西融合、道术融合，助力以道生术。近些年，企业界对工具方法非常热衷，这在一定范围内是有利于提升效率和规范性的。但工具方法的易学好用，也意味着可模仿、好复制，并不足以形成企业的差异化竞争力。而在所谓的"内卷"时代，对全局和长期问题的战略性洞察、取舍、创新、布局，对企业持续增长将更具决定性；对创业者和中高级管理者来说，在战略思考、布局谋划、竞争优势创建上多下一些功夫，将更契合其角色使命。

三是分享案例。实践案例是对战略思想最好的解读和注释。最近20年，中国各行各业涌现了很多优秀企业。它们在战略实践中有意无意地传承了很多《孙子兵法》的战略思想原则，当然也有一些反面案例。本书将对部分典型案例进行汇集分享。

本书取名"善战者胜"，意为向"善战者"学习，习用兵法中的战略思想原则，在复杂动荡的商业环境中，践行竞争制胜的基本法则，智慧竞争，掌握主动，让胜利成为埋所当然，从胜利走向胜利。

这本书的主要价值是，帮助创业者、中高级管理人员研修《孙子兵法》的战略思想，提升战略谋划能力。对创业者来说，书中阐述的相关战略思想原则及案例对创业企业思考谋划自我定位、经营布局、模式创新、竞争应对等都具有一定的启发和参考价值。对中高级管理

PREFACE

人员来说，公司级战略的制定与实施需要中高级管理人员的参与，各业务单元、细分市场、专业领域的战略制定和实施则需要中高级管理人员去主导，因此，中高级管理人员也应拥有战略思考与谋划的能力。

于我个人而言，写作本书的过程，是一个系统学习、静心梳理、自我升华的过程。倘若本书能够为大家带来些许启发，那我就很满足了。

写作期间，屡想中断，非常感谢路艳芬女士和罗浩云同学不断地督促和鼓励！非常感谢顾孟迪教授对书稿完善提出的宝贵建议！最后，也特别感谢上海交通大学安泰经济与管理学院EMBA的教授和同学们，他们的分享给我带来太多启发，让我在本书写作中受益良多。谢谢！

罗　斌

2023年2月于杭州

导 论 ● INTRODUCTION

"战略"一词最早使用于军事领域。战略是指导战争全局的计划和策略。所研究和解决的主要问题，包括武装力量的建设和使用，国防工业的布局和武器装备的研制，战争动员，战争的发生、发展及其特点、规律，战略方针、任务、方向和主要作战形式的确定，战略情报、通信、指挥系统的建设等；也泛指重大的、带有全局性和决定全局的计谋，在一定时期内具有相对稳定性。

毛泽东在《中国革命战争的战略问题》中指出，"战略是研究关于战争全局的规律性的东西"。"只要有战争，就有战争的全局。世界可以是战争的一全局，一国可以是战争的一全局，一个独立的游击区、一个大的独立的作战方面，也可以是战争的一全局。凡属带有要照顾各方面和各阶段的性质的，都是战争的全局"，"说战略胜利取决于战术胜利的这种意见是错误的，因为这种意见没有看见战争的胜败的主要和首先的问题，是对于全局和各阶段的关照得好或关照得不好"。

在战略管理实践中，不少企业建立了从战略分析到战略设计、战略解码、战略实施的战略管理体系，并运用战略管理相关的方法和工具，提高了战略管理的可操作性。工具有了，流程有了，形式有了，

INTRODUCTION

框架有了，战略也定出来了，但企业仍然面临着一个疑问：如何才能像战略家一样思考，怎样才能提高战略的质量和战略管理的水平？

建立对战略的基本理解是基础。从做小生意、小老板，到做成大生意、大老板，中间最大的跨越是懂不懂战略、有没有抓好战略。从某种角度来说，战略的核心就是谋划布局以赢得终局，即围绕终局总目标的达成做好主要方面的战略布局，构建出整体有利于己的战略竞争态势，掌控竞争取胜的主动权，增加总体胜算。战略布局包括空间布局与时间布局两个方面。空间布局要回答去哪里，在哪里竞争，以及如何竞争的问题，从方向与定位的设计、业务组合布局、商业生态布局，到具体的产品布局、渠道布局、能力资源布局等，都是空间布局要做的事。时间布局则是从时间轴的角度，考虑竞争的时间跨度、阶段步骤、节奏、缓急等，以及如何有计划地展开竞争，并达成预期总目标。可以说，战略的制定与实施的过程，就是一个动态的谋局、布局、追求胜局的"争胜"过程。

具备战略思考与谋划的能力是关键。在这样一个"争胜"的过程中，具备战略思考和战略谋划的能力，是高质量战略谋划、高水平战略实施的底座；而这种能力，是建立在遵循若干基本战略思想原则的基础上的。

本书从战略基石、战略洞察、战略布局、商业模式、战略实施的组织保障五个方面，对孙子兵法思想在战略管理中的运用进行了解读。

第一章"战略基石",对兵战中决定胜负的第一要素——"道"在商业战略中的理解和应用进行了介绍。同时,结合企业战略管理的特点,分享了兵法中"明君贤将"决定论的核心观点,以及对"君""将"的基本要求。

第二章"战略洞察",结合兵法中"知天知地,知彼知己"的分析思想,融合企业战略分析方法,提出了战略洞察的"四知"分析框架。兵法中讲究"知胜""先知胜",不知不胜、后知难胜,其思想在企业战略管理中亦相通,更早更好地把握环境与形势特点是所有战略决策和行动的基础。

第三章"战略布局",无论是最高境界的不战而胜,还是大多数现实情况的战而胜之,也不论对每一次"胜"的具体定义和衡量指标是什么,围绕"胜"的战略布局都是竞争取胜的关键环节。结合兵法思想,书中提出了企业战略布局的"五胜"原则,即先至胜、集中胜、任势胜、先为不可胜、因变胜。

先至胜。先至胜原则是"先处战地而待敌者佚,后处战地而趋战者劳"兵法思想在商业竞争中的运用。所谓"先至",就是企业先于主要竞争对手做好业务布局,构筑起竞争优势,达到"致人而不致于人",甚至"不战而屈人之兵"的效果,牢牢占据主动权。

集中胜。所谓"胜兵若以镒称铢,败兵若以铢称镒"。所有的竞争，从根本上来说都是力量的较量。聚焦重点方向、重点目标，集中重点资源，在主攻领域较主要竞争对手形成压倒性优势，进而实现战略性突破，取得胜利。

任势胜。任势胜原则是要求顺势、借势、积势、谋势，谋取有利于业务发展的发展态势和竞争环境，即造就"激水之疾，至于漂石者，势也"的效果，放大自己的势能。不谋全局者，不足谋一域。

先为不可胜。先为不可胜原则是"先为不可胜，以待敌之可胜；不可胜在己，可胜在敌"兵法思想在商业竞争中的应用。不要先想着赢，而是要先想好如何不输；先谋求如何夯实基础，做到不败，不给对手战胜自己的机会，始终在棋局中能长期活下去。在这个基础上，等待和把握出现的战略机会点，适时出击，稳中求胜。

因变胜。因变胜是"兵无常势，水无常形"兵法思想的应用。战略执行中要有定力，做到"咬定青山不放松"，有一张蓝图绘到底、久久为功的决心。同时，又要根据时与势的变化，调整战略设计，实现战略进化，避免陷入战略僵化的管理陷阱。

在第四章"商业模式"中，围绕业务战略设计的一个重要主题——商业模式，对如何运用"以正合，以奇胜"守正出奇的兵法思想原则进行了思考和分享。同时，也分享了"兵贵速，不贵久"的兵法思想在建设和升级核心竞争力过程中的启示。

第五章"组织保障"，对兵法中组织管理思想在企业管理中的应用进行了解读。兵法中强调"兵以治胜","法"是与"道""天""地""将"并列的、决定战争胜负的"五事"之一。组织能力的强弱，决定了资源整合力、团队战斗力的强弱，决定了战略实现的能力。

大道至简，知易行难。空杯纳知，知行合一。在修炼强大自己的道路上，永不止步！

目录 ● CONTENTS

第一章

战略基石

两基

○ 合之于"道"是战略之本。这是企业战略能够取得成功的根本前提。符合"道"的战略，是好战略，有成功的基因；不符合"道"的战略，是坏战略，很难取得持久优势。

○ "明君贤将"乃战略之主。企业领袖和高级管理团队是企业战略思考、研究、制定及实施管理的主导者，是企业战略好坏和成败的决定性因素。

○ 战略之主与战略之本，构成企业"战略大厦"的两大基石。

第一节 ● 战略之本：合之于"道"

战争是国家的大事、要事，因为它关系到百姓之生死、国家之存亡，所以不能不认真对待。

因此，要通过以下五个方面来分析。通过分析、测算、比较，了解掌握敌我双方的准确情况。第一是"道"，第二是"天"，第三是"地"，第四是"将"，第五是"法"。

所谓"道"，就是要让民众与君主同心协力，这样民众就愿意为国家和君主牺牲奉献，生死与共，而不会因畏惧各种危难而逃避、背弃。

《孙子兵法》原文

兵者，国之大事，死生之地，存亡之道，不可不察也。

故经之以五事，校之以计而索其情：一曰道，二曰天，三曰地，四曰将，五曰法。道者，令民与上同意也，故可以与之死，可以与之生，而不畏危。

——《孙子兵法·计篇》

商业战略解读

在《孙子兵法》开篇第一段，孙子就提出了决定战争胜负的"五事"。道、天、地、将、法五大关键要素，决定了战争的最终胜负。分析敌我双方在"五事"上的得失优劣，就能够判断战争胜负的可能性。

"道"在"五事"之首。在孙子看来，"道"是第一重要的，是从根本上影响成败的第一决定性因素。

什么是"道"？"道"的基本意思是指根本道理、底层规律。在兵法中，孙子认为"道"就是"民与上同意也"，即上下目标一致、意志统一、同心协力，为同一个理想目标和价值信念而竭力奋斗。

如何达到这样的境界？通过"令"来实现。"令"，不是命令，不是简单强制能做到的，而是通过领导者主动的引导、教育和管理等手段方法来实现的，不是凭空自然形成的。

合之于"道"不仅是兵战胜败的第一决定要素，也是决定商战胜败的根本要素，是战略之"本"。企业战略成败受很多因素影响，比如环境、时机、资源、能力等，但究其根本，首要因素在于战略是否合之于"道"，是否遵从了根本规律、根本道理。这包括两个主要方面。

第一，是"以客户为中心"的生存之"道"，外之道。

战略设计得好不好，最终能不能取得战略成功，归根到底要回到市场上得到客户的认可，即客户愿意买单。因此，一个有成功基因的好战略，一定是立足于以创造客户价值为使命，真正满足客户的需求、解决客户的痛点，关注客户体验，不仅让客户满意、忠诚，而且得客户之心，使客户真心愿意向他人推荐。客户愿意买单，企业才有生存基础。否则，企业的战略就是空中楼阁。

第二，是"组织上下同欲"的奋斗之"道"，内之道。

战略设计得再好，不能将战略思想在核心团队中形成共识，不能将战略规划转化为各级员工的实际行动，不能围绕战略做到组织内部团结一致、上下一心，战略要么成为一纸空文，要么大打折扣，并不会取得预想的成功。

01 "以客户为中心"的"外之道"

彼得·德鲁克说："关于企业的目的，只有一个正确而有效的定义：创造顾客。"客户决定着企业是什么、企业生产什么。

任正非说："全世界只有客户对我们最好，他们给我们钱，为什么我们不对给我们钱的人好一点呢？为客户服务是华为存在的唯一理由，也是生存下去的唯一基础"，"公司唯有一条路能生存下来，就是客户的价值最大化"，"我们一切工作的出发点，就是为了客户，最后的收益是我们获得生存"。

马化腾说："在这个行业里待久了，不接地气了，不知道现在年轻人喜欢什么，这是我觉得最可怕的。每天早上醒来最大的担心是，不理解以后互联网主流用户的使用习惯是什么。"

获得客户的认可和接受，才有商业价值可言，才有市场竞争力可言。经营危机的迹象之一，就是老客户流失，转而选择竞争对手。企业制定战略时，只有将战略的根基建立在以客户为中心的"道"之上，战略的基本方向才不会偏航，才有可能通往成功的彼岸。

在战略设计中，坚持"以客户为中心"之道，可从四个方面入手。

第一，从使命与核心价值观上明确"以客户为中心"的责任追求。

一些企业的使命追求其实是以自我中心，而非以客户为中心；更多企业的使命追求虽然内含"以客户为中心"的理念，但并未传递出对客户关切的明确回应，如"建立百年基业""成为行业领导者""产业创新引领者"等，这些使命追求固然很好，但却很难引起客户的共鸣，缺乏客户感召力。同样，在企业公开倡导的核心价值观中，无论在"言"还是在"行"上，很多企业更多地在强调内部价值标准，如勤奋、正直、协作、效率、拥抱变化等，而对于客户真正关心的质量、性价比、服务体验等却重视不足。

相较于强调在产业领域或经济社会中的地位、责任的企业使命，突出客户价值、客户利益、回应客户关切点的企业使命，对内更具有工作指引性，对外更具客户共鸣性，在市场竞争中具有更强的客户感召力，具有持续成功的潜质。比如，格力的使命是"弘扬工业精神，掌握核心科技，追求完美质量，提供一流服务，让世界爱上中国造"，在其价值观中"质量第一、顾客满意"是重要内容。格力致力于提供让客户放心满意的好产品。作为电商平台，阿里巴巴秉持着"让天下没有难做的生意"的使命，直击中小企业的关键利益诉求，感召力强。腾讯在最近一次企业文化升级时，将公司使命与愿景合并，统一为"用户为本、科技向善"，强调一切从用户出发，一切以用户价值为归依。在"以客户为中心"及客户感召力强的企业使命、价值观的指引下，不断检讨和改进策略，自然就踏上了战略成功的正途。

第二，在战略定位上不仅要与竞争对手形成差异化，而且要明确与客户之间的关系。

与竞争对手同质化，难以赢得客户的长期支持。差异化定位是创造客户价值、服务客户的需要，也是"以客户为中心"的体现。与此同时，越来越多的企业开始思考和经营与客户的"紧密型关系"。海尔倡导"诚信生态、共赢进化"。共赢进化，就是和用户一起进化。因为用户和企业共赢进化，某种意义上说，用户与企业形成了共创关系。蔚来给自己的定位是：不仅是一家全球化的智能电动汽车公司，而且更致力于成为一家移动社交时代所有用户共同拥有的"用户型企业"。与客户建立更紧密的关系，保持更深入的互动，洞察客户需求、激发客户激情、夯实客户忠诚。

第三，围绕客户需求和客户价值做好业务设计。

在业务设计中，不仅要深入洞察客户需求，理解需求的本质、趋势和原因，而且要做到站在客户角度而非管理角度、产品角度等内部角度，去提供满足客户需求且有竞争力的产品、服务或解决方案，构建业务模式，解决客户痛点，将客户体验和客户忠诚作为衡量成功与否的关键。

方太的企业使命是"为了亿万家庭的幸福"。为了解决油烟对家庭主妇的伤害，为了给用户带来安全、健康和更智能舒适的厨居体验，方太高度重视技术创新和高品质产品的开发。目前，方太已拥有超9400件国内授权专利，其中发明专利数量超2300件，厨电行业领先。从不跑烟油烟机、智能升降油烟机，到水槽洗碗机、气泡洗洗碗机，再到集成烹饪中心，一代代高品质的新产品，出发点都是让用户拥有更美好的生活，所以产品的畅销变成水到渠成的事情。在方太看来，创新不是为了"营销炫技"，而是"聚焦于对用户具有实际的意义与价值的创新，给用户带来幸福体验"。

第四，建立客户导向的管理体系，提升组织能力和资源配置效率。

在组织模式上，建立客户导向的流程型组织，强化中后台部门对前台部门的内部客户服务意识，提升内部业务价值链的运营效率和客户响应速度；在服务体系上，围绕提升客户体验，构建"目标牵引＋感知监测＋考核评价＋动态改善"的闭环体系；在资源配置上，优化研发、生产、渠道、服务等资源配置，向重点客户群体倾斜投入，提升重点客户的服务需求满足能力和价值产出。

【蔚来：感动客户】

蔚来是造车新势力中的一个典型代表。创始人李斌在给用户的一封信中说："汽车行业需要改变的不仅是产品和技术，真正变革的方向是如何创造用户拥有汽车的感动。在极致的智能电动汽车产品基础之上，我们将重新定义服务用户的所有过程，为用户提供超越期待的全程愉悦体验。"

针对前期用户调研中发现的充电没有保障、电池价格高、维修保养不方便等客户担忧的问题，蔚来在产品和商业模式设计中予以充分考虑，第一个推出换电模式，第一个实行车电分离购车模式，第一个发布电池租用服务（BaaS），第一个提供售后维修备用车服务……

用户对于蔚来来说，不再是传统意义上的用户，更是产品的体验者、参与者。蔚来创建了一个用户社区，在这个社区里，让用户讨论，提出建议和想法、分享感受，同时积极将这些信息转化为产品和服务的创新。比如 ES8 最早曾有用户称其为"半成品"，但在收集了大量用户反馈数据后，蔚来推出的全新 ES8 细节更加成熟。

在 2020 年第一季度，蔚来因新冠疫情无法正常开展业务，但凭借老用户推荐就获得了第一季度 3838 辆新车订单中占比 69% 的好成绩，超过了 2019 年老用户推荐订单占比 45% 的水平。用蔚来的 CEO 秦力洪的话来说就是："上辈子一定是拯救了银河系，才在此生修来最好的用户。"秦力洪说："任何事情回到根本，就是我们的用户市场。一切技术、一切产品，最终考验我们的就是这三个问题：有没有人买，买了以后满不满意，满意的用户会不会向别人推荐。如果这三点都做到了，我相信遇到再冷的寒冬，也不会是寒冬。一个企业的根本就是根植于用户市场。"用户与蔚来之间正接近于一种共生陪伴的关系。

当企业将战略的根基建立在"以客户为中心"上时，企业就有在市场竞争中活下去的"衣食父母"，就拥有在战略上获得成功的"群众基础"。这是企业战略成功的"外之道"——"以客户为中心"。

02 "组织上下同欲"的"内之道"

以员工为本、以奋斗者为本,是"组织上下同欲"的基础,但却不是其核心。"组织上下同欲"的核心在于战略共识和战略执行的一致性。

哈佛商学院卡普兰教授与诺顿博士在《战略中心型组织:平衡计分卡的致胜方略》中,围绕如何管理战略执行,提出了五项基本原则,其核心是要通过战略的宣导、文化的渗透、执行的转化等方式使员工认同战略目标及管理措施,也就是要进行充分的战略解码和共识拉通,并积极执行、创造绩效。这五项原则是:

第一,将战略转化成执行层面的语言。

企业不仅要拥有清晰的使命、愿景、价值观、战略目标与规划,而且要通过简洁的形式、有效的方式,让员工理解和吸收。如果企业不能清晰地描述战略,企业就不能期望它被很好地执行。操作中,可以借鉴战略地图和平衡计分卡等工具。

第二,以战略为核心整合组织资源,加强协同。

战略是取舍后的聚焦,向战略聚焦的方向倾斜配置人、财、物资源。组织由很多单元和部门组成,它们各自拥有目标和任务,为了使各部门发挥出 1+1>2 的协同效应,每个部门都必须做到横向、纵向拉通对齐,加强协同。

第三,把战略变成每个员工的工作。

将战略要求转化成年度经营计划中的执行任务,变成员工的日常工作,并且将员工的晋降奖罚与这些任务绩效紧密关联。

第四，使战略工作成为持续的流程。

首先，将战略与预算流程联系起来，战略是预算制定的重要依据，预算投入为战略实施提供资源保障；其次，建立战略回顾会议制度，加强过程中的沟通与反馈；最后，建立战略管理的流程，从战略的制定、实施、评估到调整，形成一个动态的持续流程，而不是当作一个偶尔开展的间歇性工作。

第五，高层团队积极参与战略实施，主导战略变革。

战略实施需要持续地关注和聚焦组织的变革行动，以及绩效与目标的差距。如果高层团队不积极参与其中，战略就难以切实执行，变革就难以有效推进，最终绩效也难以取得突破。

战略中心型组织，其实就是一个以战略为导向的"上下一心、同心协力"的组织，契合了战略成功的根本之道——"组织上下同欲"的奋斗之"道"。相反，如果企业不能做到"上下同欲、同心协力"，诸侯主义、本位主义、官僚主义滋生盛行，上下理解不一致，口号和行动不一致，纵向指挥不动、横向协同不了，面朝上级、背对客户，不解决问题，那么企业即便拥有好的技术、产品或市场机会，最终也会在内耗低效甚至一盘散沙中错失战略机遇。

在战略实践中，优秀企业以各自不同的方式来诠释如何追求"组织上下同欲"的奋斗之"道"。

【绿城：用价值观贯连战略与执行】

绿城以优质的产品品质和服务品质引领行业。2021年12月，绿城中国荣获"2021中国房企超级产品力TOP10"第一名，连续 10 年荣获"中国房地产顾客满意度领先品牌"。绿城的企业精神被确定为"人文理想主义"。绿城的核心价值观——"真诚、善意、精致、完美"则进一步继承和发展了人文理想主义精神。对员工、对客户、对社会，以"真诚、善意"为指导原则，它体现了绿城人文主义精神，是绿城人的思维模式；对工作、对产品、对服务，以"精致、完美"为理想目标，它体现了绿城的理想主义精神，是绿城人的行为目标。

在"真诚、善意"的企业文化氛围中，公司对员工好，员工也高度认同企业、忠诚于企业。绿城的员工流失率在房地产行业较低。即使过去公司经历了各种波折，甚至在最危险的时刻，绿城的团队都表现出高稳定度和高凝聚力，陪伴企业穿越风雨，这在行业中实属罕见。

在"精致、完美"的理念下，绿城锻造了卓越的产品力和服务力。绿城优质的产品力和服务力，不仅来源于在产品设计、建造和服务提供方面持续地投入和研发，更重要的是始终秉持一种人文理想主义精神价值观去做事。在绿城人的观念中，产品就是作品，产品就是人品。20 多年来，绿城的产品不断迭代更新、精品不断，已累计打造 800 余个经典作品。几乎每一个绿城产品都能让客户感到心动，直击客户对理想生活的期待。创始人宋卫平曾说，"我们在改变一个国家、一个社会、一个地区的种种，使得它更符合所谓知识分子的一种理想"，"绿城公司最明显的特点是有根深蒂固的理想主义色彩，当绿城人把这种理想贯穿于产品和服务中，就变成产品和服务中最精彩的部分，所有产品都蕴含着以人为本的人文关怀"。

【华为：注重战略共识与解码】

华为在完成战略制定后，会通过组织战略宣讲、战略解码等方式，通过"上下对齐、左右拉通"，将战略要求贯穿到各部门和各级员工日常工作中，确保纵向单位间、横向单位间都能保持战略理解和执行的一致性。分解下去的工作，需要人来做，如何激励员工围绕战略要求努力奋斗、创造价值，是战略实施中的重要课题。

华为强调以奋斗者为本，各项人力资源政策都聚焦在奋斗者身上，对为客户创造价值的奋斗者给予制度保障，"不让雷锋吃亏"。按照华为的说法，为客户创造价值的任何微小活动、在工作过程中为提升自己综合能力而做的努力，这些都叫奋斗。奋斗者是企业的真正财富，激励好奋斗者，组织才能长期充满活力。

华为的这种"奋斗者文化"，在牵引机制上，公司向员工清晰表达组织的发展愿景与奋斗目标，战略制定后，通过战略解码，将战略精神和要求传达到每一个单位、每一个人；在分配激励上，向奋斗者倾斜，提倡拉大差距、奖励无上限，通过工资、奖金、股权、荣誉、晋升等全方位的激励措施激发奋斗者潜能，驱动奋斗者不断挑战新目标、创造高绩效；在干部提拔上，向奋斗者倾斜，优先选拔有一线和艰苦地区工作经验、有主攻战场作战经验的奋斗者，优先选拔具有自我批判精神的奋斗者，有突出贡献者破格晋升；在思想文化上，大力弘扬奋斗精神。

华为通过多种方式提升战略理解的一致性和纵向、横向的协同性，并通过奋斗者文化、激励机制，有效激发了组织的活力，长期保持战斗激情，实现了"上下同欲"。即使面对国际制裁和打压，组织仍然能做到上下一心、攻坚克难，"而不畏危"，这是典型的合之于"道"。

优秀企业的战略实践告诉我们，将企业的价值理念和战略追求贯穿到经营工作计划中，贯穿到产品和服务中，融入团队建设和员工激励中，实现思想统一、目标一致、上下一心、协同奋战，就能够极大促进企业战略目标的实现。这就是企业战略成功的"内之道"——"组织上下同欲"的奋斗之"道"。

关于战略"合道性"的思考

战略"合道性"检视

请用一句话描述公司战略或你所负责业务的业务战略	
该战略合之于"道"的表现	该战略不合于"道"的表现
1.	1.
2.	2.
3.	3.
做出哪些调整和改变，可以使该战略更加合之于"道"？	
1.	
2.	
3.	

第二节 战略之主："明君贤将"决定论

哪一方的君主是有道明君，更得民心？哪一方的将领更有才能？哪一方拥有更好的天时地利？哪一方的军纪法令更能严格执行？哪一方兵源更充足、装备更精良？哪一方的士兵更加训练有素、更有战斗力？哪一方的赏罚更公正严明？通过这些比较，胜负已明了。

真正懂得用兵之道、深知用兵利害的将领，掌握着民众的生死，主宰着国家的安危。

将帅，是国家的辅佐重臣。辅佐得周密细致，则国家必然强大；否则，国家就会衰弱。

《孙子兵法》原文

主孰有道？将孰有能？天地孰得？法令孰行？兵众孰强？士卒孰练？赏罚孰明？吾以此知胜负矣。

——《孙子兵法·计篇》

知兵之将，生民之司命，国家安危之主也。

——《孙子兵法·作战篇》

夫将者，国之辅也，辅周则国必强，辅隙则国必弱。

——《孙子兵法·谋攻篇》

商业战略解读

明君贤将决定着国之安危，决定着安国全军之道。决定胜负的七个要素：主孰有道、将孰有能、天地孰得、法令孰行、兵众孰强、士卒孰练、赏罚孰明，总地来说，都是取决于主孰有道，将孰有能，即君将的谋划能力和治理能力。

对企业来说，明君贤将，就是企业的领袖和核心管理团队。他们是决定企业战略谋划水平、战略实施质量及最终经营表现的根本因素，决定了企业的强弱胜败，是企业战略的主宰者、责任人。

01 企业领袖关键在于"明"

《孙子兵法》对企业领袖的核心提法是"明君"，如"故明君贤将，所以动而胜人，成功出于众者，先知也"，"故明君慎之，良将警之"。孙子以"明"为核心，提出了明君统御治军的四个基本原则。

第一，主孰有道，贵在"修道"。

孙子在兵法第一篇即写道："故经之以五事，校之以计而索其情。"即常说的分析对手、预判胜负的"五事""七计"。"一曰道，二曰天，三曰地，四曰将，五曰法"，为"五事"；"五事"之首，就是"道"。在孙子看来，"道"是"令民与上同意也"，也就是上下同欲、团结一致，"道"是影响胜负的首要因素。

随后更具体的"七计"分析中，第一项就是判断"主孰有道"，哪一方君主是"得道"的，哪一方君主是"失道"的。可以说，"主孰有道"统领了后面的"六计"——"将孰有能？天地孰得？法令孰行？兵众孰强？士卒孰练？赏罚孰明？"并说"吾以此知胜负矣"。

孙子还说，"善用兵者，修道而保法，故能为胜败之政"，修明政治赢得民心，确保法度完善机制，就能主宰胜败。

在孙子看来，"主孰有道"，"谋道""修道"，关键责任是落在君主肩上的。对企业来说，"道"同样是决定企业经营成败的首要因素；而企业在战略上"谋道""修道"，让战略符合"道"的要求，其关键责任则落在企业领袖身上。

第二，将孰有能，重在"选将"。

选将就是搭建核心班子。应对企业经营管理的方方面面，带领组织持续成长，必须搭建一个强有力的核心管理团队。

选将搭班子，第一步就必须明确选才标准。人选错了，一切都不对了。《孙子兵法》中提出了选将的五项关键指标，包括智、信、仁、勇、严。

"智"就是足智多谋、有才干、能力强。诸葛亮说："夫以愚克智，逆也。以智克愚，顺也。"（《将苑·机形》）赢得兵战要智慧，赢得商战更是拼智慧。企业的发展过程，本身就是在团队努力下，一个由小到大、由弱变强、不断成长的过程。这当中"智"的因素直接决定着竞争比拼的结果。当然，今天企业在选才的时候，对"智"有了更为精细的衡量，比如经验经历、过往业绩、所受教育、发展潜力等。

"信"就是赏罚有信、信仰坚定。 所谓"赏不避怨，罚不避亲"，是指无论亲疏远近、职位高低，该奖的人、该奖的事，该奖就要奖，该罚的人、该罚的事，该罚就要罚。企业最难处理的事情之一，就是关键岗位上的人或者关系紧密的人，一旦触碰了公司红线、底线，该如何妥善处理。处理得好，企业奖罚制度、核心价值观就得到了维护；处理不好，企业赏罚无信，制度威信、核心价值观就会被侵蚀。因此，赏罚有信，影响组织信任，影响组织能否上下一心。

信仰是更深层次的内涵。将领对君主和国家利益的忠诚、对目标和理念的信仰，是取信于下属、团结队伍的深层次因素。同样，高级管理人员对企业发展使命的坚定信仰、对战略目标的坚定追求、对文化价值观的坚定践行，是赢得广泛信任和追随的深层次因素。

"仁"就是要关爱部下，诚信以待。 兵法中讲的"仁"，与儒家讲的"仁"是不同的。儒家的"仁"主要是从社会伦理、人性本质、道德规范、政治治理的角度去倡导仁者爱人、施行仁政。而兵法中讲的"仁"，是为了团结人心、增加战力、达成目标的"仁"。兵战与商战都是利益之战、生死之战。

"视卒如婴儿，故可与之赴深溪；视卒如爱子，故可与之俱死"，梅尧臣注解说"仁能服众"。想让士兵贯彻作战意志，冒着生命危险、克服万难去奋战，想方设法去赢得胜利，就必须关爱士兵，否则士兵为什么要这么干呢？

优秀的管理者，践行"爱兵如子"的管理理念，像对待家人一样，爱护、关心自己的部下，在合理范围内，处处能考虑到部下的切身利益，帮助部下解决工作和生活中的困难，将心比心才能以心换心，才能换来下属坚定的追随。我们看到一些公司，关心员工的食堂伙食、住宿条件、健康安全，有的企业为员工购房、员工家属重病、子女教育等设立专项资助基金，有的企业甚至愿为一个员工的孩子治疗重病花费百万。这些切实的仁爱之举，自然会得到员工的积极回馈。

"勇"就是勇敢无畏，敢决断、敢承担。 吴起说："用兵之苦，犹豫最大，三军之灾，生于狐疑。"软弱和犹豫，当断不断，不仅会错失良机，还必受其乱。所以，"勇"不仅体现在面对困难勇敢无畏，更体现在决断力，关键时刻要敢出手，敢冒风险决策，敢承担责任。临难不决非勇。

"严"就是要军纪严明。 梅尧臣注解说"严能立威"。曹操坚持法令执行务严，说"设而不犯，犯而必诛"。"严"与"仁"形成互补，没有规矩，不成方圆。

随着企业的成长与发展，须逐步建立一套完整的管理制度规范体系，实现从基本制度到管理办法，再到操作规程、执行细则的逐层细化和系统覆盖。没有严明的纪律规范和严格的执行监督，规模增长得越快，轰然倒塌的风险就越高。不严，不成军；不严，无战力。但"严"和"仁"不矛盾，恩威并施，刚柔相济，所谓"齐之以文，令之以武，是谓必取"。

客观来说，一个人要同时兼备"智、信、仁、勇、严"五项标准，难能可贵，选才难度大、周期长，但一个管理班子要具备这五项标准则是必需的，也是相对容易的。基于这样的选才标准，企业可以对现有核心领导人才进行盘点、评估，将适合的人选拔到关键岗位，以及通过合理地搭配团队来弥补个人不足，实现管理班子具备"智、信、仁、勇、严"五项标准。业务主将，至少要做到"智、勇"，管理副将或政委侧重在"信、仁、严"的管理建设，分工协作，共同提高管理班子的总体组织和指挥能力。这是企业领袖要做好的事情。

第三，将能而君不御者胜，合理授权。

关于指挥授权、介入具体军务这个问题，《孙子兵法》中认为："将能而君不御者胜"，将帅有才能，君主又不干预的一方胜。"将在外，君命有所不受"则进一步讲，将帅根据战场上的变化，相机决策，君主不应妄加干预，或者说可以不听君主脱离实际的指挥。

其实，这当中隐含了君授权于将的四个条件。

一是"将能"，能力问题。将帅如果能力确实过硬，那可以不干预，充分授权。如果能力不足，那就不能轻易"不御"。这种情况在企业里普遍存在。企业在发展过程中，很多干部都是"拔苗助长"提上来的，可能在某一方面表现相对突出，得到了提拔重用，但综合能力与岗位要求还是存在不小差距。对于一些重要决策，如果老板或者经验丰富的核心管理层人员不介入，则容易出差错，而且也不利于人才成长。这时候可能就是"将不能而君御者胜"，撒手不管的放任放权反倒要出问题。

二是"将在外"，信息问题。战场信息瞬息万变，后方的君与前方的将之间存在信息的不对称，君主不了解战场上具体的形势和问题，如果介入干预，甚至越级指挥，那么就会出现问题。在战场上，深入前线的将帅最有资格决定军队的战略部署和战术安排。在企业重要的经营管理决策中，如果上级不了解具体情况，不比下属掌握更充分、更准确或更关键的决策信息，那就不应干预下属决策；反之，则可选择合适的方式，支持决策，协助提高决策质量，既能起到互相补位的作用，又可实现培养带教的效果。

三是信任问题。无论是将能与不能，还是信息是否对称，其中都涉及君主与将帅相互信任的问题。即使将帅有能力，或者即使信息对称，但如果君主与将帅之间信任度不高，那么君主也容易干预将帅的决策。对企业来说，上级和下级之间应不断加深相互信任，上下齐心协力，自然合作高效。

四是责任问题。谁决策，谁担责，权责对等。"将在外，君命有所不受"，充分授权，也意味着相应决策责任的承担机制要明确，风险、权限、责任相匹配有助于促进慎重行权。作为最高决策者，也要思考万一主将决策失误会有哪些挽救措施，留好后手。

"谋攻篇"讲："君之所以患于军者三：不知军之不可以进，而谓之进；不知军之不可以退，而谓之退，是谓'縻军'。不知三军之事，而同三军之政者，则军士惑矣。不知三军之权，而同三军之任，则军士疑矣。三军既惑且疑，则诸侯之难至矣，是谓乱军引胜。"

君主对军队的危害有三种：一是不知道军队不可以前进而下令前进，不知道军队不可以后退而下令后退，这叫作束缚军队；二是不知道军队的内部事务而去干预军队的行政管理，将士们会无所适从；三是不知道军队战略战术的权宜变化，却干预军队的指挥，将士就会疑虑。军队既无所适从，又疑虑重重，其他诸侯就会趁机兴兵作难。这就是自乱其军而让敌人获得胜利。

君主过多干预会限制将帅行动，若决策偏离作战本身规律，容易导致战败的严重后果；将帅若拥兵自重、拉帮结派，也会对整体稳定产生重大威胁。归根到底，关键在于君与将之间如何形成良好的合作关系和平衡结构。对于企业来说，企业领袖与核心管理干部之间，既需要团结合作，也需要适度地控制、制衡，确保组织的稳定性、可控性。

第四，主不可怒而兴师，理性决策。

"非利不动，非得不用，非危不战。主不可以怒而兴师，将不可以愠而致战。合于利而动，不合于利而止。"老子说："善战者不怒。"

不是对国家有利的，就不要采取军事行动；没有必胜把握的，就不要随便用兵；不到危险紧迫之时，就不要轻易开战。君主不可凭一时之怒就兴兵打仗，将帅不可因一时之愤就与敌作战。符合国家利益的就行动，不符合国家利益的就停止。

这里提出了发动战争的三原则：非利（利益原则，涉及重大国家利益）、非得（先胜原则，有较大取胜把握）、非危（危急原则，重大紧急危机关头）。在战争方面，自古以来不少战争决策都是怒而兴师，违背了慎战原则。

【周襄王与刘邦：怒而兴师】

（一）

《史记·郑世家》记载，郑国出兵攻打滑国，周襄王派使臣为滑国说情。可郑文公不给面子，不仅没有同意，还拘禁了来说情的人。此时周王室式微，并无多少兵力可以来攻打郑国。但是"王怒，将以翟伐郑"。翟，为狄人。周襄王一怒，决定利用中原大敌的狄人来讨伐攻打同姓诸侯。大臣劝说无用。周王一意孤行，决意借师伐郑。结果，狄人攻打不下郑国，却借机渗透到中原腹地。后来，"翟攻伐襄王，襄王出奔郑"，狄人介入周王室权力斗争，扶持王子叔上台，周襄王被迫逃亡郑国，直到晋国出兵勤王，才重登王位。周襄王怒而兴师，结果引狼入室，差点身死国灭。

（二）

韩信背叛汉朝，汉高祖刘邦御驾亲征。《史记·刘敬叔孙通列传》记载："汉七年，韩王信反，高帝自往击之。至晋阳，闻信与匈奴欲共击汉，上大怒，使人使匈奴。匈奴匿其壮士肥牛马，但见老弱及羸畜。使者十辈来，皆言匈奴可击。上使刘敬复往使匈奴，还报曰：'两国相击，此宜夸矜见所长。今臣往，徒见羸瘠老弱，此必欲见短，伏奇兵以争利。愚以为匈奴不可击也。'是时汉兵已逾句注，二十余万兵已业行。上怒，骂刘敬曰：'齐虏！以口舌得官，今乃妄言沮吾军。'械系敬广武。遂往，至平城，匈奴果出奇兵围高帝白登，七日然后得解。"刘邦怒而兴师，遭到匈奴伏击，损失惨重。当时正好遇上寒冬大雪，汉军士兵冻掉手指的有十之二三，而被包围在白登山的时候，更因没有军粮供应，饥寒交迫。若不是陈平急中生智，刘邦得以侥幸逃脱，大汉历史可能都不一样了。

巴菲特在致股东的信中，曾公布接班人标准：能控制情绪，善于独立思考，心智稳定，具有对人性及组织行为的敏锐洞察力，具有天生的辨识力及规避重大风险的能力。

从企业决策角度来看，决策者要能控制情绪、保持理性，不可因个人一时之兴而做出重大战略性决策，必须充分地分析预测。至少应遵循两个基本原则：非利（不能为公司带来显著回报的不干）和非得（没有较大取胜把握的不干）。后者至关重要但却容易被忽视。越是情绪高涨的时候，企业越是容易高估自身的能力。

总地来说，兵法给我们的启示是：作为企业领袖，核心在"明"。

一要把握战略方向，做到"以客户为中心"，促进"组织上下同欲"，谋好战略成功的根本之"道"；

二要物色贤能的合伙人、事业领头人，搭配好管理班子，给予充分信任和授权，同时做好权力平衡；

三要抛却个人喜恶，理性决策，防止出现重大决策失误风险。

也就是说，企业领袖可以不参与日常经营、不指挥具体战斗，但从根本上构建和奠定了企业战略成功的基石，决定了企业的命运。

02 高级管理者不单要有"能"

"智、信、仁、勇、严"五项标准，是企业选拔高级管理者的核心标准，也是高级管理者自我综合能力素养修炼的基本指引，但这还不够。从综合素养修炼上来说，还有三个重要方面。

第一，修炼"进不求名，退不避罪"的胸怀品格。

"将受命于君"，既然已接受了使命任务，就应当全力以赴履行好自己的职责。"故进不求名，退不避罪，唯人是保，而利合于主，国之宝也。"即，作为主将，进不企求战胜的美名，退不回避违命失利的责任，基本出发点是只求保全百姓、符合国君利益，这样的主将才是国家的宝贵财富。

高级管理者的短期行为并不罕见。从个人角度来说，"进不求名，退不避罪"应成为高级管理者自我追求的一种品格修养，也是个人职业生涯长期可持续发展的需要。在"唯上"与"唯实"之间，在"本位主义"与"配位补位"之间，要能够抛开个人利益影响，将立足点放在企业发展大局上，思考其是否有利于企业整体利益，是否有利于企业持续发展，归根到底是分析是否有利于创造客户价值和提高客户满意度，以此为依据做决策、定取舍。此为良将。

大家都知道，诺基亚在智能手机的竞争中败退。欧洲工商管理学院教授对诺基亚进行了深入调查，他们访谈了几十名诺基亚的高层、中层、工程师和外部专家，一个重要的发现是：诺基亚在以业绩为中心的管理体制下，高层管理者非常担心外部环境的变化会导致他们不能实现季度目标。尽管他们认识到了诺基亚需要一个比当时的塞班系统更好的操作系统来与苹果的iOS竞争，但在当时他们非常害怕公开承认塞班系统的竞争劣势，担心会被外部投资者、供应商及消费者认为是"失败者"，担心自己的职位受到影响。而在这样一种组织氛围下，中层管理者习惯于报喜不报忧，不讲高层不喜欢听的事情，以免个人发展受到影响。一旦企业中大量的中高级管理者将意识焦点放在短期业绩目标和个人名、利、权的得失上时，致命的组织危机必然迅速蔓延。

因此，从企业管理的角度来看：

一是需要深度复盘现行绩效激励制度，审视企业业绩观中的短期主义和各自为政等原则性问题；

二是重构一套短期和中长期兼顾、本职履行与鼓励协同兼顾的绩效考核体系，改变价值评价体系，这是关键一步；

三是从传统雇佣思想向共创伙伴理念升级转变，重塑价值分配体系，建立综合性、长短期结合、强有力的激励体系；

四是建立包容开放的企业文化，增强核心干部和员工的融入感、归属感，基于契约但不止于契约。

第二，修炼"静以幽，正以治"的作风素养。

"静"为沉着镇定。高级管理者要事多、压力大，要不急不躁、不咋咋呼呼、不风风火火，时刻保持冷静理性，不喜形于色，临危而不乱，能承受住任何来源的巨大压力和突发状况，并能冷静处置，深水静流。

"幽"为虑远谋深。作为高级管理者，既要城府深，不轻易表露出态度倾向，使旁人难以捉摸猜透，不随便透露决策安排，使他人无法窥探情报；又要谋虑远，考虑问题不仅限于眼前当下，能提前五步十步做好预料安排。

"正"为公正无私。高级管理者不能以权谋私、贪污腐化，不能拉帮结派搞小圈子。保持距离、保持公正，不影响大众的利益和组织内的公平正义。孔子说："其身正，不令而行；其身不正，虽令不从。"

"治"为条理井然。作为高级管理者，管理指挥要耐心细致，工作主次分明、有条不紊，团队思想统一、安定有序。所以有"以治待乱"，以安定严整的状态等待对手的慌张混乱。

在当今复杂的商业环境和快节奏的社会中，在"静""幽""正""治"这四点基础上，还应增加"听""学"两项。

"听"为从善如流。愿意广泛接触客户、员工，善于听取各种不同的意见或建议，虚怀若谷，从善如流，集众人之智。

"学"为自我提升。当今时代信息量大、知识更新快，新需求、新技术、新模式、新理念、新对手、新挑战、新机遇层出不穷，只有持续地学习、自我提升，才能提高决策能力，更好地带领团队打胜仗。

第三，避免"覆军杀将，必以五危"的性格缺陷。

良将有"五德"：智、信、仁、勇、严；同时，将有"五危"。"故将有五危：必死可杀，必生可虏，忿速可侮，廉洁可辱，爱民可烦。凡此五者，将之过也，用兵之灾也。覆军杀将，必以五危，不可不察也。"

这五种致命的性格缺陷，一定会带来军队覆灭、主将被杀的重大灾难，必须引起充分注意。

"必死"就是只会一味死拼。不惧困难、不畏牺牲，本是好事，但勇过了头，变成只知死拼，那就容易被诱杀。企业开拓新业务、开发新市场、开发新技术，都需要勇于冒险、创新的精神，但也有主要决策者评估不充分就孤注一掷，导致巨额亏损，甚至使企业面临存亡危险。

"必生"就是贪生怕死。一味想求生，临阵脱逃，不敢战斗、不敢冒险，就容易被俘虏。比如，诺基亚的高管在面对外部压力时，过于关注短期目标、个人利益得失，使得精力和资源分配不合理。虽然短期推出了新产品，但在长期可与苹果竞争的操作系统的开发上则重视不足，导致高端产品质量下滑，竞争优势持续削弱，短短几年，形势就急转直下，最终以惨败收场。

"忿速"就是急躁易怒。与"沉着镇定"相反，性格急躁、刚直易怒，急于求成，就容易被人激将，怒而兴兵，招致失败。面对内外部的竞争压力、考核压力，有时容易因急于求成、失去耐心而匆忙做出错误决策，给企业带来损失和风险。

"廉洁"就是过于在意名声和自尊。这就有可能被敌方散布的流言蜚语刺激，无法忍受侮辱，为维护自尊而做出一些非理性决策，最终招致失败。作为高级管理者，要保持良好的声誉和影响力，但不可过于在意别人的评价，否则就容易失去自己的标准和独立判断，容易瞻前顾后、犹豫不决。

"爱民"就是过于爱民。仁爱之心是好的，但过于爱民，在打仗时就容易被敌人利用，被一些暴行刺激而上当失败。在实际工作中，类似的现象并不鲜见。比如某些部门负责人经常"护犊子"引发广泛抱怨，甚至积累了组织矛盾；对待涉及本部门员工利益的变革措施，迟迟不愿推进等。高级管理者应把握好"爱民"之度，有更高的格局与广阔的视野，处理好矛盾关系，服从于大局利益和总体目标。

"五危"是对"五德"的重要补充，是制约高级管理者成就潜力的重要因素，也是自我性格修炼的重要项目。

可以说，"智、信、仁、勇、严"之"五德"，"必死、必生、忿速、廉洁、爱民"之"五危"，"进不求名，退不避罪"的胸怀品格，"静以幽，正以治，且听且学"的作风素养，构成了高级管理干部能力素质综合修炼的主要方面。

第二章

战略洞察

四知

○ "知"，就是分析、掌握情况，是为了评估取胜的机会、可能性，是决策的前提，是战略管理的起点。所谓"知之者胜，不知者不胜"。

○ 《孙子兵法》中提出要"四知""先知"。"四知"，就是"知天、知地、知彼、知己"。"四知"是兵战的洞察框架，也是企业商战战略洞察的基本框架。对战略环境深刻洞察，能先于对手识别出战略机会与威胁，提前做好战略准备，掌握竞争主动权。

○ 不仅要"知"，还要"先知"，"先知者胜"，后知后觉，必然被动。

第一节 ● 知天知地，知彼知己

天，是指昼夜、阴晴、寒暑、四季更替。地，是指地势的高低，路程的远近，地势的险要、平坦，战场的广阔、狭窄，是生地还是死地等地理条件。

了解对手，了解自己，就能取得胜利而不会有危险；懂得利用天时和地利，胜利就没有穷尽。

既了解敌人又了解自己，打多少次仗都不会有危险；不了解敌人但了解自己，可能胜利，也可能失败；既不了解敌人，又不了解自己，那么每一战都会有失败的危险。

明智的君主、贤能的将领，一出兵就能战胜敌人，成就大业，超群出众，正是因为提前掌握了敌情。

《孙子兵法》原文

知彼知己，胜乃不殆；知天知地，胜乃不穷。

——《孙子兵法·地形篇》

知彼知己者，百战不殆；不知彼而知己，一胜一负；不知彼不知己，每战必败。

——《孙子兵法·谋攻篇》

明君贤将，所以动而胜人，成功出于众者，先知也。

——《孙子兵法·用间篇》

商业战略解读

对于战争来说，天、地都是指外部自然环境。要想打胜仗，必须把握好天时、利用好地利。对于企业来说，"天""地"是指企业经营的外部战略环境。"天"，就是宏观及行业环境中的趋势和时机；"地"，就是企业的目标市场。

"彼"是竞争对手。既要充分了解竞争对手，又要深刻了解自己。知彼知己，百战不殆。知彼知己在商战中同样至关重要，是战略分析的重要内容。孙子提出了分析彼己的七个方面：主孰有道？将孰有能？天地孰得？法令孰行？兵众孰强？士卒孰练？赏罚孰明？

从企业角度来看，看企业谁更有优势，就是要观察：谁的核心决策层更具战略远见与谋划能力，谁的中高层团队的经营管理能力更专业，外部发展环境对谁更有利，谁的内部规范化管理水平更高，谁的产品、技术、资源及软硬件条件更好，谁的员工素质技能更高、作风更优良，谁的考核激励政策更公平合理、更有激励性。

在兵战中，敌情是最大的不确定性因素，而对己方的意图与实力是比较清楚的，所以"知彼"难于"知己"，了解对手的重要性要排在了解自己之前。但在商战中，"知己"比"知彼"更重要，过于关注竞争对手反而容易限制自己。每个企业的定位不一样、目标不一样、资源能力不一样，知道自己的优势、劣势在哪里，结合自身的战略意图、资源能力采取策略和行动，把客户需求满足好、服务好是最重要的。企业了解竞争对手，除了战术层面的应对需要，更重要的价值是为从战略层面制定差异化的竞争战略、构建独特的竞争优势提供参考。

"四知"构成了战略洞察的四大方面。与此同时，"知"的关键是"先"，后知后觉的"知"是没有价值的。通过对商业环境的敏锐洞察、对战略机会的提前洞悉，做到"先知"。只有"先知"才可能掌握先机，占据竞争的主动权。

01 知天：宏观和行业的趋势和时机

宏观环境分析，主要采用PEST分析法，洞察和判断国家或地区的政治、经济、社会和技术维度的变化趋势，发现当中蕴藏的机会点与风险点。宏观环境包含的内容广泛，在审视宏观环境时，应结合行业和企业特点，选择关联度高、影响力大的重点因素进行分析（见表2-1）。

表2-1　PEST分析模板

维度	与行业相关的主要因素	具体变化与趋势	机会点	威胁点	战略启示
政治或政策	"十四五"产业发展规划行业监管政策 ……				
经济	GDP增长、人均可支配收入 ……				
社会	人口数量或结构、消费观念 ……				
技术	本产业技术、相关产业技术 ……				

"PEST"分析框架的主要内容包括：

P（Politics）政治环境分析

在当下环境中，对国际形势与地缘政治风险、重大政策等方面尤需重点关注。在百年未有之大变局的背景下，地缘政治环境剧烈变动，对企业海外供应链安全性、进出口业务稳定性、海外市场投资安全性、原材料价格走势、金融市场收益、消费者信心等都将产生不同程度的影响，必将影响企业的战略选择。同时，主要经济体从安全自主角度，大力推动重点领域的自给自足，将促使制造业回流和产业链本土化，对企业国际化布局带来的挑战与机遇并存。

E（Economy）经济环境分析

经济发展水平、经济增长率与增长点，支柱产业发展与产业转型升级、货币政策、利率政策、通货膨胀、失业率、汇率、居民可支配收入水平、居民消费支出等。经济因素对行业发展、市场空间、经营成本与利润预期等方面影响大。在后疫情时代，经济处于筑底和恢复期，在较高的负债压力和不高的收入预期下，对消费市场的负面影响将不可避免地显现出来。与此同时，新的产业政策催生新机遇。比如，在"双碳"目标指引下，中国新能源产业迎来发展的黄金时期。这都是经济环境分析要关注的方面。

S（Society）社会环境分析

主要涉及社会人口与文化方面，如人口规模、人口结构、人口分布、家庭结构以及民众的文化习俗、生活与消费观念、审美观念、对环境保护的态度等。这些对潜在客户规模、产品服务设计、市场营销策略等方面形成直接影响。比如，"Z世代"年轻人正成为消费的主力军，他们的消费观念、消费需求和消费行为深刻改变着消费市场，国潮消费、国货品牌、网红品牌创新发展的机会层出不穷。而在一些国家和地区，持续的新冠疫情增加了弱势群体学习、就业的难度，弱势群体的生存压力势必助长民粹主义的传播，相关企业不得不提早做好准备。这些都是社会环境因素变化对企业战略发展的影响。

T（Technology）技术环境分析

主要涉及与企业所在行业、所在市场有关的新技术、新工艺、新材料的出现、发展及应用等，技术的发展变化将对企业的研发、生产、渠道、服务、成本等方面产生不同程度的影响。比如，传统汽车制造由冲压、焊装、涂装、总装四大工艺组成。一体化压铸技术将冲压与焊装改为压铸，两步合成一步，利用大型压铸机可将几十个零部件一次压铸成型，直接铸造出大部件，可节省传统的几十个零部件冲压、焊接等工艺过程，节省大量的生产设备，所用技术工人也仅需原来的十分之一，既提高了生产效率，又大幅降低了成本。因此，这种技术变化将可能重塑竞争优势，改变竞争格局。

PEST是企业开展战略环境分析的重要工具之一。借助PEST分析，企业可从总体上认识宏观环境中的主要变化点，及其对企业的关键影响点。

行业机会点分析

行业环境分析，可从行业的集中度、周期位、颠覆者、价值链、关键点五个主要维度展开。行业分析最重要的结果输出是，锁定行业机会点和成功关键点。

集中度分析

行业集中度一般用行业前三、前五或前十名的累计市场份额及其变化来反映行业的整合程度。行业集中度低，相对而言则拥有更多的整合空间；行业集中度稳定，相对而言则总体性扩张机会有限，需要加强细分和差异化创新；而行业集中度快速上升阶段，行业蕴藏发展机会，同时往往竞争激烈，对于企业来说，加强扩张则有机会获得更多市场份额。

周期位分析

每个行业都不可避免地会经历四个基本发展阶段: 起步期、成长期、成熟期和衰退期，准确判断行业处于生命周期的哪个阶段是做出战略决策的重要参考。再结合当下技术变化和政策变化，更好地对行业周期和时机进行把握。

由于全球经济发展的不平衡，不同地区的行业发展存在梯度差。因此，在发达地区市场进入衰退期的行业，在一些欠发达地区可能正处于成长期甚至起步期，仍然存在着机会窗口。比如，中国市场2010年左右就进入智能手机加速普及阶段，到2018年，智能手机普及率已接近70%，而非洲仍处于功能机主导、智能机普及初期，因此，专注于非洲市场的传音手机，2018年仍在非洲卖了9000万部功能机，占据其总销量的80%。

颠覆者分析

产业交叉融合越来越普遍，商业模式创新层出不穷。跨界竞争者、新产品、新模式的出现，常给现有行业参与者带来颠覆性的影响。潜在进入者和替代品的威胁需要给予更多的关注。当然，反过来看，产业融合与模式创新，同时也给企业自身带来业务创新的新机会。

智能手机出现后，短短数年便替代了风光无限的掌上游戏机、MP3/MP4音乐播放器、数码相机、导航仪等产品，堪称颠覆性产品。滴滴、Uber通过商业模式创新，不买车辆、不雇司机，却可以拥有海量的运力资源，成为最大的出租车公司，极大分流了传统出租车行业客流。传统上电视台通过自己制作节目创造内容，成为内容中心；而抖音、快手自己不制作视频，却快速成为超大规模的视频内容平台。

价值链分析

产业链上主要环节有哪些？各环节利润水平怎么样？产业链上价值是如何分布的？核心利润区在哪里？未来3~5年、5~10年产业链将发生怎样的变化？是否以及如何改变当前产业利润的分配结构？产业链上价值转移的趋势是什么？（如图2-1所示）

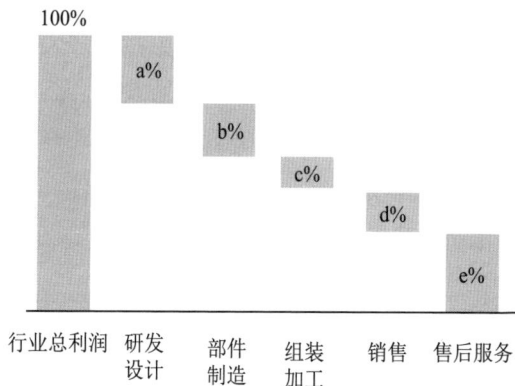

图2-1　产业链利润分布示意

随着3G网络的普及和2007年苹果iPhone智能手机的诞生，移动互联网时代加速到来。到2010年左右，移动互联网发展趋势日渐清晰，相比传统手机在产业链上的地位，智能手机在移动互联网产业链上的地位极大提高，产业链价值中心迅速从通信运营商（网络管道）向智能终端厂商转移。华为、小米等企业洞察到这一趋势，快速发力进军智能手机领域，把握住了中国乃至全球智能终端快速普及的历史机遇，实现了高速增长，创造了商业传奇。

传统汽车产业链上，主机厂是产业链的中心，占据绝对的主导地位，是产业链价值分配的主要受益者。而电动汽车产业发展起来后，电池厂商及更上游的锂资源供应方成为产业链上的价值中心。当前汽车智能化正在加速发展，在未来智能汽车产业链上，软件（如操作系统、数据感知、通信联网、智能算法或决策分析等）、场景应用将成为汽车的关键部分，汽车产业链价值中心将再次转移。

关键点分析

第一个关键点是，行业的战略控制点是什么？也就是什么因素对企业在产业链上增强话语权、获取利润分配主动权起关键性作用，什么就是本行业中壁垒比较高的竞争因素。

战略控制点有很多类型，如品牌、专利、版权、10%~20%的成本优势、高质量交付、产品开发领先两年、分销控制、供应控制、客户关系、生态控制、标准控制等。每一个战略控制点的目的，都是将企业保持在利润区内，并阻止其他公司侵蚀本企业的利润。企业应在资源允许的情况下，尽可能布局并掌控一个或多个战略控制点，谋求产业竞争主动权。

第二个关键点是，行业成功的关键因素是什么？核心是如何才能赢得客户。行业成功的关键因素分析，应先回答三个基础问题。

一是客户需要什么？比如：是性价比高的产品，还是高品质性能稳定的产品？

二是如何才能在竞争中取得优势？比如：是低成本，还是研发创新、制造工艺领先，服务优质，采购便捷？

三是竞争对手在哪些方面具有优势？

通过对具体要素的比较打分，最终要明确：行业竞争中取胜的关键因素是哪些？重要性分别如何？评估企业拥有的是哪些？又应在哪些因素上取得领先和差异性？围绕行业关键成功因素，投入资源，提升自身的核心能力，形成领先的竞争优势。同时，应避免在非关键成功因素方向上消耗过多资源。（见表2-2）

表2-2 五维度行业分析的要点

五个维度	主要因素	主要内容
集中度分析	行业竞争者数量	
	行业收入 CR3/CR5/CR10	
	行业利润 CR3/CR5/CR10	
周期位分析	生命周期阶段	
	技术变化趋势	
	政策变化趋势	
颠覆者分析	潜在进入者	
	替代品威胁	
	替代性新模式威胁	
价值链分析	产业各环节利润率	
	产业各环节利润占比	
	产业价值转移趋势	
关键点分析	战略控制点	
	行业关键成功要素	

注：CR3、CR5、CR10是指在某一行业中，市场占有率排名前三、前五、前十家公司的市场占有率之和。

【华为：洞察并抓住了智能手机业务爆发的战略机会 】

华为基于对行业战略机会点的洞察，把握住了智能手机业务的发展机会，在传统运营商业务之外成功打造了新的增长极。

我们知道，华为最早是做电信设备的，并不做手机业务。直到2003 年，华为才设立终端公司正式进入手机领域。作为初进入者，目标也不高，就是先活下去，瞄准的主要机会就是利用与电信运营商的合作关系，为运营商生产定制手机。但是，做定制机没有定价权，利润率极低，完全就是运营商的"打工人"。

2008 年，华为向黑石集团和KKR 等五家私募股权基金发出竞购邀请，希望出售至少 49% 的股权。不过，最后受到全球金融危机的影响，这笔交易没有成功。

2010 年，全球智能手机出货量超 3 亿部，同比猛增 74%。苹果因为 iPhone 的火爆热销，成为全球价值最高的科技公司，而三星也是大赚。这让华为看到智能手机的市场潜力，华为预计到2020 年，全球将有 60 亿智能手机用户。基于对这个战略机会点的判断，在 2010 年，华为决定全力投入发展智能手机业务，并将智能终端业务的战略地位提升，与运营商管道业务、企业网并列成为华为公司的三大核心业务。

根据华为年报数据，2010 年，华为运营商业务收入占比高达80%，消费者业务（主要是手机）收入占比 17%，约 200 亿元；而到 2019 年，消费者业务收入达 4673 亿元，在总收入中占比达到 54.4%，运营商业务收入占比降至 34.5%。2019 年，华为智能手机发货量超过 2.4 亿部。截至 2020 年底，华为全球终端连接数超过 10 亿，手机存量用户突破 7.3 亿。

可以说，华为准确洞察了通信服务产业链价值转移趋势，识别并战略性布局了智能手机这一增长极，占据了高端智能手机这一高利润区，因而一举创造了长达 10 年的高速增长期，成为华为公司高速增长的主发动机。从某种程度上说，也正是有以智能手机为核心的消费者业务这个"钱袋子"，华为才更有财力基础持续地高强度投入 5G 等领先技术的研发创新，奠定了华为 5G 技术全球领先的基础。

02　知地：目标市场或客户

知地，就是了解目标市场，包括客户市场和区域市场。两国交战为争地争利、消除威胁，企业竞争是为争夺市场、争夺收益，扩大在目标客户市场的影响力和控制力。

市场分析

市场分析应重点关注变化趋势，包括总量的变化和结构的变化两个层面，以便发现增长的机会与威胁。

市场总量变化，主要是市场整体容量、各细分维度市场整体容量的变化情况，是增长、平稳还是萎缩，变化的速度是快还是慢。

市场结构变化，主要关注两个方面：

一是总体份额分析。各个维度市场的份额占比变化情况，包括各种产品的市场份额变化、各个客户群的市场份额变化、各地区的市场份额变化、各渠道的市场份额变化等。

二是变化来源分析。市场增量或减量变化来源于哪些产品、地

区、渠道等，具体占比多少，反映出市场增减变化的具体来源，这是寻找潜在业务增长点的重要依据。（如图2-2、图2-3所示）

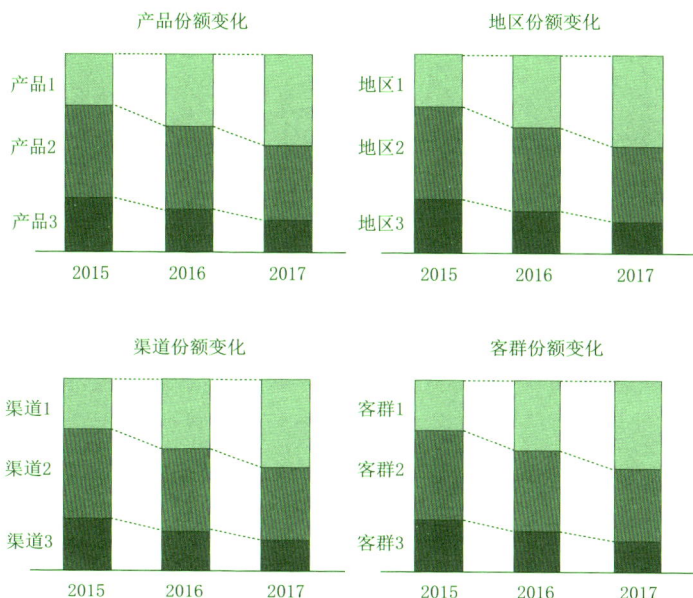

图2-2　市场结构变化分析示意

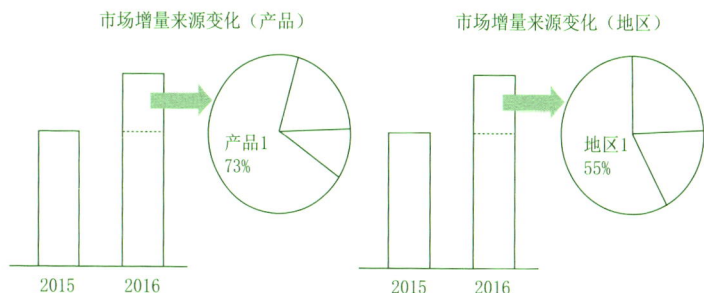

图2-3　市场变化来源分析示意

市场细分

客户需求的异质性和企业资源的有限性，决定了企业要想有效竞争、建立差异化优势，就必须聚焦重点目标客户群，有取有舍。

客户分析的直接目的，就是挖掘出客户市场中的机会点，为市场定位和产品定位服务，通过差异化的定位寻求差异化优势。当然，有效的客户细分，是建立在企业通过差异化的方式去接触或服务客户、满足客户的差异化需求这一客观需要基础上的。客户细分，不是为了细分而细分。

客户市场分析的核心内容，通常关注三个基本方面：

第一，客户特征分析。

选择合适的维度进行客户市场细分，组织属性维度可区分个人客户、家庭客户、企业客户、政府客户。

个人客户，可以从个人的特征属性出发，如地理属性（地区、居住地、办公地等）、社会属性（性别、年龄、收入、学历、兴趣、职业、社会阶层、价值观、家庭结构等）、心理（性格、生活方式等）、消费行为（购买动机、决策依据、购买方式、消费方式、评价方式等）。可依据单一因素或多个因素综合来细分。比如，同样是咖啡消费者，星巴克咖啡的目标消费者侧重于社交或精神放松，而瑞幸咖啡的目标消费者则侧重于自我消费或提神醒脑，因而区分出两个不同的消费群体、消费场景。

家庭客户，可以从家庭收入、家庭结构、家庭观念等角度细分，比如两口之家、三口之家、老人同住家庭、空巢老人家庭等就是从家庭结构角度出发的细分。

企业客户，可从行业、规模、位置等角度细分，行业如金融行业客户、电力行业客户、汽车行业客户等，规模如大企业客户、中小企业客户，位置如楼宇客户、沿街商铺客户、园区客户等。

第二，客户价值分析。

不同客户对企业的价值贡献是不同的，对客户消费金额、消费潜力、利润贡献等维度的分析，有助于识别高价值和高潜力客户，作为确立客户优先级的参考，指引资源投入的重点方向，是客户分析的重要内容之一。

第三，客户需求分析。

识别出企业的重点客户群体，并对重点客户群体的共性需求进行梳理，包括对性能、价格、外观、包装、服务等角度的需求。蔚来汽车将重点目标客户群聚焦在高阶人士，这个群体的需求特点是产品品质好、服务体验好，更看重时间效率、便捷性、身份感，对价格不是很敏感。蔚来针对该群体的需求特点，不仅推出高品质电动汽车，还推出了丰富的、有温度的服务措施，比如一对一专属FL服务，免费换电服务，售后维保时备用车服务，维保取送车服务，上门补胎服务，事故现场代客值守服务，代办年检服务，代泊、代驾、代缴违章服务，App在线服务等，获得了目标客户群体的欢迎。

在客户需求分析时，可以运用$AppEALS模型（也可以结合企业实际情况适当调整使用），它从八个方面对客户需求进行全面的刻画，为设计匹配的产品和服务提供依据。（见表2-3）

表2-3 客户需求分析工具$Appeals模型

产品价格（$）	可获得性（A）	包装（P）	性能（P）	易用性（E）	保证（A）	生命周期成本（L）	社会接受程度（S）
客户愿意支付的价格	客户获取信息、购买的渠道与方式等方面的诉求和偏好	客户期望的外观、包装等视觉特征	客户期待的功能或服务要求	客户对产品的学习、使用等方面的易用性诉求	在可靠性、安全和质量方面的保证	整个购买及后续使用维护全周期中的成本考虑	对购买产生影响的其他外部因素

而客户分析的成果结论，可以最终体现在一张扩展的CPC（客户—渠道—产品适配）客户策略表中。（见表2-4）

表2-4 客户策略

客户群分类	目标客户群一	目标客户群二	目标客户群三
客户特征			
客群定位			
产品匹配			
服务匹配			
价格方案			
渠道匹配			

在分析客户时，有几点需要注意：

一是要有用户思维。不仅是关注客户需求，而且要理解痛点、解决痛点；要从最终用户角度体察产品或服务的最终实际用户的需求和体验。

二是需求理解的充分性。不仅要关注客户当前需求、现实需求，还要研究客户潜在需求、未来需求，理解需求的本质和需求变化的趋势。

三是客户分类管理。获取新客户是企业持续增长的重要动力，但是要关注高价值客户（群）与高价值成长性的重点客户（群），只有坚持把重点资源向重点客户（群）配置，才能开发出支持企业持续发展、价值增长的"大油田"。

由于企业的战略、策略和营销资源的影响，企业会根据自身情况选择特定的区域市场。如果涉及不同地域的市场，比如，从国内市场走向国际市场，从一、二线城市走向三线城市，从城市市场走向农村市场等情况，还需分析具体的市场类型和市场特征，要做到因地制宜。比如，是开放竞争型市场还是垄断型市场？当地竞争环境是怎样的？是否存在贸易保护因素？运输成本怎么样？消费水平与消费偏好有什么特点？文化习俗对业务开展有什么影响？政府、媒体、社会组织等利益相关者的态度是怎么样的……

现有产品在进入全新市场时，虽然产品本身的核心技术不太会改变，但是产品形态、特色功能、定价水平、销售渠道、销售方式等方面应因地制宜，同时，本土化的核心团队也至关重要。

【亚马逊：忽视在中国市场的本土化】

亚马逊作为全球领先的电商平台，综合实力强大，在欧美市场非常受欢迎，但因忽视中国市场特点、本土化运营不足，最后退出了中国市场。

亚马逊作为世界上最早的电子商务公司之一，拥有非常清晰的全球化战略，在美国、欧洲、日本等国家和地区的市场上发展迅速，设有170多个全球运营中心，支持近30种语言，在美国本土以外的电商占到亚马逊整体业务的三分之一。即使这么优秀，亚马逊2004年进入中国后，却一直不温不火，最终在2019年黯然离去，关闭了亚马逊中国网站的商家入驻渠道，停止为亚马逊中国网站的第三方卖家提供服务。究其原因，没有因地制宜、缺乏本土化是亚马逊中国的致命伤。

亚马逊中国的购买界面、支付流程及其物流和售后服务，完全照搬美国亚马逊，不符合中国人的购买习惯。广受中国人喜欢的购物节促销，如"双11""618"等，亚马逊在中国很少参与，甚至无动于衷。亚马逊不打疯狂的价格战、不打吸引眼球的广告、不以任何噱头做促销活动，似乎这些既定的策略都很有道理，但在蓬勃发展的中国电商市场上，对绝大多数消费者来说，完全感受不到亚马逊的存在。

贝佐斯认为："得益于本身的销量和知名度，亚马逊总体议价能力非常强，没有一家中国电商平台可以达到这样的层次。我们有着最为强悍的采购能力和资金周转能力。"后来，贝佐斯反思道："我们大多是把在日本、德国、英国、西班牙、法国、意大利、美国等取得成功的做法复制到中国，事实上，在中国，我们需要更多的市场定制。"

【微信：忽视在印度市场的本土化】

微信在中国市场非常成功，仅凭微信红包一个功能就能让数亿中国网民狂欢一个春节假期。作为一款备受中国用户喜欢的社交应用软件，微信进入印度市场后却表现不佳，遇到了用户增长难、黏性不足、卸载率高等问题。其主要原因就是产品的本地化适配不足。比如，当时印度最主流的手机操作系统是塞班和黑莓，而微信只有安卓和iOS版本，其竞争对手WhatsApp则同时提供四个系统的版本；印度当时智能手机渗透率不到20%，最受欢迎的手机内存只有100MB，而微信安装包就要40MB；查找"附近的人"的功能，使得印度用户常收到陌生人搭讪，因印度独特的文化背景，印度大量女性用户卸载了微信。

市场重新细分

市场是动态变化的。企业原先所做的市场细分、所选择的目标市场，也应因变而变。重新进行市场细分的原因包括以下几点。

一是客户的变化。 如客户需求偏好的改变、客户行为的改变等。

二是产品的变化。 如外部替代品的出现、企业自身推出新产品等。

三是竞争的因素。 如竞争对手之间在市场细分方面趋同化等。

四是其他的因素。 如政府产业政策、消费政策、环保政策等方面的引导等。

是哪些因素引发了市场的变化？这些因素发生了怎样的变化？这些变化产生了哪些影响？其中蕴藏怎么样的新机会？企业通过重新细

分市场，把握新的细分市场中的战略性机会，从而在新的细分市场中提供更具吸引力的差异化价值或体验更好、效率更高的服务方式，从而建立起差异化竞争优势，驱动新一轮业务增长。

03 知彼：竞争分析

在《孙子兵法》中，对竞争对手的分析，基本框架是前面已经提到的"五事""七计"，主要集中在领导力、人才队伍、组织管理、资源能力、外部环境利弊等方面。

作为企业战略竞争分析，还应在战略意图、经营动态、业务模式、企业价值链流程解析等方面延展。

一般来说，竞争对手分析需要关注四大问题，即"四大问"。（见表2-5）

表2-5　竞争对手分析的"四大问"

四大问题	分析要点
一问： 我们在跟谁 竞争？	竞争对手分为哪几类？
	主要竞争对手是谁？
	竞争对手实力地位如何？
二问： 他们是怎么 想的？	竞争对手对行业和市场发展有哪些看法和预判？
	主要竞争对手的战略目标、思路是什么？
	竞争对手怎么看我们？

续　表

四大问题	分析要点
三问： 他们是怎么 竞争的？	他们采取了怎样的竞争战略？
	竞争对手给客户提供了哪些核心价值？它的模式是怎样的？客户选择竞争对手的关键理由是什么？
	竞争对手近期经营表现怎么样？
	竞争对手近期采取了哪些重点行动可能改变竞争格局？
	下一年竞争对手有没有可能做出某些事情以改变竞争格局？
四问： 他们与我们有 什么差异？	竞争对手的企业内部价值链各主要环节表现如何？我们与其有何差异？
	竞争对手在组织、人才、激励上有哪些优势与劣势？
	如何塑造与竞争对手的差异化优势？

　　一些企业在对竞争对手进行分析时，常关注的是产品视角、营销视角、渠道视角的分析及对价格、成本、销量、产能的分析。这些固然是竞争对手分析的重要内容，但从企业整体战略竞争的角度来看，还不够。

　　其中，最容易忽视的，是对战略特点、价值链解构、组织人才激励的分析。

　　战略特点分析，有助于我们把握对手的目标和思路，理解其策略和行为，预判其下一步动作。

　　价值链解构，帮助我们从采购、设计、生产、销售、售后服务等全价值链过程角度，发现现实差异、塑造新的差异，从而构建差异化优势。

组织与人才分析，有助于我们更加准确地判断对手的决策风格、组织效率、人才力量、激励机制等方面的优缺点，判断组织综合战斗力的强弱。

如果行业中有领先度比较大的标杆企业，那么研究分析标杆企业，学习其成功经验，对快速提升自己、缩小与领先企业的差距，是有一定帮助的。

如果行业中竞争对手领先度并不大，或者企业致力于通过创新超越目前暂时领先的竞争对手，那么分析洞察其战略、策略、核心能力等，则可为企业避实就虚、另辟蹊径地进行差异化战略设计提供重要参考。

【瑞幸：与星巴克的差异化竞争】

基于对星巴克的深入分析，瑞幸咖啡实现了在定位、模式和核心能力等方面的创新设计和重新构建。星巴克的定位是给人们提供一个"第三空间"，通过产品、服务、环境、文化等方方面面的细节打造，提供一个拥有良好体验的第三空间。所以，它的门店选址、环境设计、客户服务等方面的能力就是其核心能力。

瑞幸咖啡针对星巴克这样的特点，进行针对性创新：

第一，星巴克强调"第三空间"客户体验；瑞幸强调产品性价比。

第二，星巴克是现场喝咖啡，突出一种文化感觉、生活态度；瑞幸做外卖咖啡，突出方便快捷。

第三，避开星巴克的核心能力，瑞幸构建App、小程序等互联网线上服务平台，通过线上平台去获取客户、下单支付、运营客户，建立起人货匹配的智能算法技术能力和基于数据的精准营销能力。

正是采取了这种差异化的竞争战略，瑞幸咖啡快速收获了一大波粉丝，这也成为其高速增长背后的核心逻辑。

04 知己：自身评估

虽说知己的难度要比知彼要小，但这并不意味着这项工作就容易做好。实际上，很多时候中高层管理者并不完全掌握企业的真实状况，而基层管理者和员工通常也只是知晓问题的局部。要做到真正"知己"，还是要下一番功夫的。

企业自我评估的时候，主要是对企业的内部资源能力情况进行评估，近年来，企业对自身商业模式的评估与再设计逐渐成重要内容。

内部资源能力评估

分析企业内部资源能力情况，实操中主要有两个关键点。

第一，明确参照系。

企业内部资源能力分析有两个常用的参照系，一个是当前设定的目标，另一个是以往年度的表现。对照所设定的战略目标。企业要分析和评估企业资源和能力是否匹配战略目标达成的需要，存在什么问题，有哪些差距。对照过往的能力表现，看看企业能力建设进步的程度和速度。当然，向外看，可以看自身增长与市场整体增长的差距；还可根据实际需要，与竞争对手的能力表现进行对标分析，看差距。

第二，搭建指标库。

在评估资源能力时，应先建立一个分类分级的评估指标体系，从内部价值链主要环节切入。通过对关键的结果性指标和过程性指标的量化分析，来评估某个方面的能力状态，将更加客观准确。平衡计分卡是构建关键指标体系的一种实用工具，且能在一定程度上反映指标之间的关系。

做好生产经营分析、开好生产经营分析会，是日常经营管理中"知己"的重要抓手。围绕经营目标的实现，暴露问题、预警风险和发现机会。如哪些业务、哪些产品、哪些区域、哪些客户群、哪些渠道有问题？背后存在哪些基础能力和管理机制的问题？已解决了什么问题？还存在什么问题？产能、产量、交期、质量、成本等表现如何？已解决了什么问题？还存在什么问题？通过经营分析，及时暴露问题，就是"知己"。

围绕特定市场、产品、服务等主题，定期开展高质量的专题分析，也是"知己"的重要手段。所谓的"高质量"，一是全面地识别出重点问题，二是发现问题的本质和根因。

"知己"的核心是事实与数据。事实，就是要实际调查、真实反映，有个人主观倾向性或者有意淡化掩饰某些问题，尤其是多个部门之间这种不客观的状态叠加，那么偏离真实状态的差距就会加大，容易导致决策不准或错误。数据，就是不要仅凭经验认识讲问题，不以具体数据说话、不以完整数据分析，就会浮于表面，容易忽视或低估一些重要问题。

某企业一项新业务上线已经运营一年半，涉及五六个相关部门，每个部门都陆续反映出一些问题，销售说产品有问题，产品说是技术问题导致的，技术说营销角度有问题，营销说服务跟不上，等等。这些问题相互牵扯，各部门都有道理，问题似乎很清楚但却找不到着手点。

我们根据第一条原则——以事实为基础，做了三件事：一是组织了流程穿越，以员工身份和客户身份分别完整地走一遍真实流程；二是组织了三个分公司调研，听取一线员工反馈；三是到多个客户的使用现场调研，实地观察、直接沟通。最后，我们收集到 50 多个大大小小的问题，再结合相关指标数据分析印证，经过分类合并、去伪存真，总结归纳出 8 大类 35 个主要问题，再进一步聚焦出 9 个优先级比较高的重点问题，并进一步总结概括了 2 个根因问题。然后，针对这些问题，提出运营改善的一个总体目标、2 项关键举措、6 项策略措施，细化出 16 项主要工作，明确出责任人和解决时限。这样，一个以客观事实为基础的"知己"工作圆满完成。

从数据的角度来说，虽然很多行业都在强调数字化转型，但实际上很多企业最基础的数据平台尚未建立，而即使已经具备条件获取一些生产经营数据，很多时候也只是停留在表面，还没有真正把数据整合、分析、利用起来。对于天天打交道的事情，趋于主观经验化做判断决策，而身在其中时却不觉得有何不妥。看似容易的"知己"，其实在实际工作中还比较薄弱，蒙着眼睛冲上战场的例子比比皆是。随着企业规模的增长，对自身的评估分析更复杂，也更重要。

商业模式分析

在评估商业模式时，一般采用商业模式画布作为工具来协助分析。

按照亚历山大·奥斯特瓦德（Alexander Osterwalder）在《商

业模式新生代》中提出的概念，一个完整的商业模式主要围绕"为谁提供、提供什么、如何提供及如何赚钱"四个方面考虑，具体涉及九大模块。（如图2-4所示）

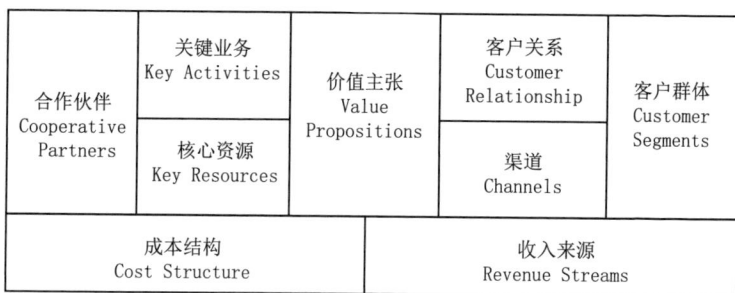

合作伙伴 Cooperative Partners	关键业务 Key Activities	价值主张 Value Propositions	客户关系 Customer Relationship	客户群体 Customer Segments
	核心资源 Key Resources		渠道 Channels	
成本结构 Cost Structure			收入来源 Revenue Streams	

图2-4 商业模式画布

客户细分：主要思考我们为谁创造价值；我们最重要的客户是谁，对客户群进行分类，聚焦核心客户。

价值主张：主要回答我们要向客户传递什么样的价值；满足客户的哪些需求；解决哪些痛点问题；给他们提供哪些产品和服务；以什么样的价格、什么样的方式提供以及客户关注的价值，包括性能、价格、成本、创新性、便捷性、体验感、风险抑制等。

渠道通路：主要回答哪些渠道可以接触到我们的目标客户群体；现在的渠道结构是怎么样的；各自是如何定位的；哪些渠道更有效；哪些渠道投入产出比更高；如何让不同类型的渠道、产品或服务与客户进行更好的匹配。

客户关系：主要回答我们的每个细分客户群体希望与我们建立怎样的关系，比如应答式服务关系、自助式服务关系、自动化服务关系、互动式关系、共同创造关系等；目前这些关系构建得怎么样，成本如何，体验如何；如何把这些客户关系与其他部分进行整合。

收入来源：主要回答什么样的价值主张才能够让客户愿意付款，比如实体产品销售、订阅收费、租赁收费、广告收费等；客户是如何支付费用的；每个收入来源对总收入的贡献比例是多少。

核心资源：主要回答我们需要哪些核心资源来实现我们的价值主张、建立渠道通路、建立客户关系等问题。不同商业模式需要的核心资源不尽相同。

关键业务：主要回答我们的价值主张、渠道通路、客户关系、收入来源都需要哪些关键业务活动。关键业务活动是确保商业模式可行而要做的事情，比如设计方案、制造产品、提供解决方案、网络平台等。

合伙伙伴：主要回答谁是我们的重要供应商和合作伙伴；我们从他们那里获得了哪些核心资源；我们还想获得他们什么样的资源；我们应该建立一种怎样的合作关系，是合作、合资还是战略联盟，从而增强我们的优势、降低我们的风险。

成本结构：主要回答钱花到哪里去；投入产出比怎么样；我们最重要的固定成本是什么，哪些核心资源、关键业务花费最多。商业模式的每一部分都可能产生成本。

通过商业模式画布，可以比较清晰地观察自己或竞争对手的商业模式。我们仍以瑞幸咖啡为例。

瑞幸咖啡的目标客户群是年轻白领，通过明星代言和病毒式营销密切与客户的关系，通过"门店+App"方式，构建渠道通路。

瑞幸咖啡的价值主张是既便宜又方便，满足客户提神而非社交的需求；关键业务是专业的咖啡加工与销售活动；核心资源是咖啡原材料供应链资源和专业的咖啡师资源，由于主打外送，店铺并非核心资源；合作伙伴主要是各类供应商、咖啡师及物流快递公司等。

由图 2-5 可知，瑞幸咖啡的成本主要来自店铺租金、设备、原材料、人力及营销推广等；收入的主要来源就是咖啡的销售收入。

合作伙伴 原料供应商 咖啡师 物流公司	关键业务 咖啡加工与销售 核心资源 供应链 专业咖啡师	价值主张 便宜 外卖配送方便	客户关系 明星效应 病毒营销 渠道通路 门店+App	客户群体 年轻白领
成本结构			收入来源	
店铺租金、设备、原材料、人力、推广等			咖啡销售	

图2-5　瑞幸咖啡商业模式画布

第二节 ● 智者之虑，杂于利害

智慧的将帅思考问题，必然是把利与害两个方面一起权衡。

在不利的局面下，看到有利因素，因势利导，使事情向好的方面发展，这样任务才可以顺利完成。

在有利的局面下，要看到不利因素，有所防范，这样祸患才不会发生，事情才可以顺利完成。

《孙子兵法》原文

孙子曰：智者之虑，必杂于利害。杂于利，而务可信也；杂于害，而患可解也。

——《孙子兵法·九变篇》

商业战略解读

《孙子兵法》中始终贯穿着积极思维，凡事都要想办法解决问题，唯一目标就是取得胜利；同时，充满着辩证思维的智慧，关注矛盾的对立统一性，善于利用矛盾的相互转化性，为达成目标服务。

其实，战争本身就是一种矛盾，是矛盾的一种极端化表现。若彰显如何"赢得战争"这一问题的规律，必然也能启发我们处理一般矛盾的方法。

"智者之虑，必杂于利害"，强调领导者在考虑战略问题时，必须综合思考，在权衡利害、趋利避害的基础上积极作为，把事情谋划好，追求好的结果。但综合思考、权衡利害，不能掉入患得患失、畏首畏尾、消极等待的陷阱。

从企业战略管理的角度来说，以"知天（宏观与行业的时与势）、知地（目标市场或客户）、知彼（竞争者）、知己（自身）"四位一体为分析框架，完成战略分析后，要对外部市场的机会、威胁和自身的优势、劣势进行一个"杂于利害"的综合思考判断，合理应对。

这里可以借助SWOT战略矩阵来分析。SWOT包括S（Strengths，优势）、W（Weaknesses，劣势）、O（Opportunities，机会）、T（Threats，威胁）四个分析维度，并由此构建了一个四象限的SWOT矩阵。S和W主要是对企业自身内部环境条件的分析，识别出企业内部主要的优势与劣势；O和T主要是对企业外部环境条件的分析，识别出企业面临的外部机遇与挑战。（如图2-6所示）

优势，是企业的内部因素中有利的方面，如有利的竞争态势、充足的资金、良好的品牌、技术力量、规模优势、产品质量、成本优势等。

劣势，是企业的内部因素中不利的方面，如设备老化、管理混乱、缺少关键技术、研发落后、资金短缺、核心人才匮乏、产品积压、竞争力差等。

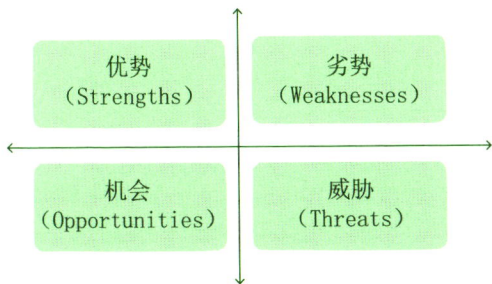

图2-6　SWOT矩阵

机会，是企业的外部因素，如新产品、新市场、新需求，国际市场壁垒解除，竞争对手失误等。

威胁，是企业的外部因素，如新的竞争对手、替代产品增多、市场萎缩、行业政策变化、经济衰退、客户偏好改变、突发事件等。

在SWOT分析时，可以更加量化。那就要进一步利用EFE矩阵（外部因素评价矩阵）和IFE矩阵（内部因素评价矩阵）来量化评价。

从"知己、知彼、知天、知地"四个维度去观察，经过全面、具体的扫描分析，从四个维度分别识别出主要战略因素，利用SWOT战略矩阵，形成以下几种组合。

优势与机遇组合（利用自身优势，把握好外部机会）；

优势与威胁组合（利用自身优势，扬长避短，化解外部威胁）；

劣势与机遇组合（利用好外部机遇，克服劣势的影响）；

劣势与威胁组合（积极扭转、防范风险）。

以"利害兼顾、趋利避害"的思想为指引，对公司发展提出可能的战略备选方案。

【A公司："杂于厉害"的综合思考】

我们以一个假设的A公司为例，借助SWOT矩阵分析来进行"杂于利害"的战略思考。（见表2-6）

表2-6　"杂于利害"的SWOT战略矩阵分析示例

外部因素 内部因素	优势（Strengths） S1- 品牌知名度较高； S2- 较强的技术研发能力； S3- 较广泛的销售渠道； S4- 较丰富的自有充电网络	劣势（Weaknesses） W1- 产品开发能力较弱，产品少、上新慢； W2- 服务体验一般； W3- 成本高
机会 （Opportunities）	增长型—SO 战略	扭转型—WO 战略
O1- 市场需求开始爆发，未来5年年复合增长率将超40%； O2- 国家政策鼓励支持； O3- 产业链配套趋成熟； O4- 油价持续上涨	S1/3-O1/4：构建品牌和产品矩阵，抢占市场； S1/2-O1/2/3：纵向一体化布局产业链核心价值环节	W1-O1：提高产品开发平台化效率； W3-O3：利用一体化布局降低成本
威胁（Threats）	多样化—ST 战略	防御型—WT 战略
T1- 对手在资本、技术、产品等方面领先形成较大压力； T2- 经济低迷，市场需求萎缩风险； T3- 激烈竞争导致降价风险，威胁盈利能力	S1-T1：储备资金； S3-T2：利用渠道优势快速实现新品放量； S1-T3：实施品牌战略	W2-T3：提升客户体验； W3-T1/2/3：优化成本，减少非核心领域的投资

根据"杂于利害"的思考模式，利用SWOT战略矩阵，我们有四个基本思考角度：

一是利用优势、把握机会。 利用品牌优势和技术优势，纵向一体化布局产业链核心价值环节，增强产业链优势和未来价值获取能力；把握市场需求爆发的机遇，加快构建品牌矩阵和产品矩阵，扩充产品线，抢占更大市场份额。此为增长型或扩张型战略。

二是利用优势和机会，化解自身劣势的负面影响。 利用一体化布局来降低成本，增强供应链掌控度、提升盈利能力；加快产品开发能力建设，提高优质新品推出的速度。此为扭转型战略。

三是利用优势，扬长避短，应对威胁与挑战。 吸引外部投资者，增加资金储备；通过实施品牌化战略，构筑价格防线、提升溢价能力；利用渠道优势，拉动新产品销售、抢占市场份额。此为多样化战略。

四是既有劣势，又面临威胁的方面，则积极防御、控制风险。 一方面，推进降本增效、压缩非核心领域的投资；另一方面，搭建客户体验系统，立足满意度差距，聚焦关键时刻场景，优化客户体验。此为防御型战略。

通过这个简单的案例，我们可以直观地理解"智者之虑，杂于利害"的思想如何运用。在权衡利害的分析中，量化分析是战略分析的重要组成部分，也是科学决策的重要辅助支持，但综合判断、模糊决策、突破"不可能"是企业家决策的重要特点，其中蕴藏的企业家精神、梦想的力量、使命的驱动也是企业家决策区别于机器算法、量化决策的根本。

第三章

战略布局

五胜

○ 先至胜。"先处战地而待敌者佚，后处战地而趋战者劳。"洞察市场，提前布局，构筑起竞争优势，占据主动地位。

○ 集中胜。竞争本质上是力量的较量，所谓"胜兵若以镒称铢，败兵若以铢称镒"。通过目标和兵力的集中，在主战场上形成"以众击寡"的竞争优势，从而获胜。

○ 任势胜。"激水之疾，至于漂石者，势也。"构建和营造有利的战略发展环境，增强和放大竞争优势。

○ 先为不可胜。"先为不可胜，以待敌之可胜"，"不可胜在己，可胜在敌"。不是先想着赢，而是先做到不输，夯实基础、建设核心能力。若缺乏风险意识和底线思维，企业可能瞬间出局。

○ 因变胜。"兵无常势，水无常形"，"水因地而制流，兵因敌而制胜"。战略进化，是企业与时俱进、与势俱进的表现，也是避免战略僵化、刻舟求剑的需要。

第一节 ● 先至胜：致人而不致于人

01 先至布局的两个维度，率先构筑优势

一般率先进入战场做好准备等待敌军的一方，就精力充沛、安逸主动；而后到达战地匆忙投入战斗的一方，就疲劳被动。所以，指挥作战的高手，善于调动敌人而不会被敌人调动。

行军千里而不疲惫，是因走在敌方无人或无力抵抗的地区，如入无人之境。进攻就一定会获胜，是因攻击了敌人疏于防守的地方；防守一定稳固，是因为守住了敌人一定会进攻的地方。

《孙子兵法》原文

凡先处战地而待敌者佚，后处战地而趋战者劳。故善战者，致人而不致于人。

——《孙子兵法·虚实篇》

行千里而不劳者，行于无人之地也。攻而必取者，攻其所不守也；守而必固者，守其所不攻也。

——《孙子兵法·虚实篇》

商业战略解读

一些企业习惯于跟随对手，或忽视市场洞察，总是等到市场已全面爆发，竞争已趋激烈，才开始匆匆跑步进场。这样的做法固然有一定好处，规避了早期市场不确定的风险，但这并不符合《孙子兵法》倡导的"致人而不致于人"这一战略思想。

"先至胜"战略原则，对企业战略布局来说，主要有五点启示。

其一，先至的本质，是争夺主动权。占据竞争主动的一方，有更大概率赢得竞争的胜利。后至就容易仓促被动应战，取胜的概率变小。在经营中，先至获得的优势，其实也是一种"人无我有、人有我优"的差异化优势。

其二，先至的关键，在于把握好"势"与"时"。"势"就是选择必然性的事情，把赛道找好、市场找到；"时"就是把握好时机，适度提前到达战场、做好准备，务为先锋、勿为先烈。

其三，战争中，一方会通过诱导性动作来调动对方部队行动，干扰其正常行动安排，以保证己方先到达战场、做好准备，取得以逸待劳的主动优势。但在商战中，企业的重点不是调动和干扰竞争对手的行动。在商战中，先至的第一层含义是，相对于主要竞争对手而言，提前布局、构建核心竞争力，做好准备，做到"先处战地"；其第二层含义是，相对于市场需求而言，引领需求，在需求全面爆发之前提前布局、形成竞争优势，做到"先处战地"，抓住战略机会。

其四，"先至"有两种途径：一种是"先发而先至"，另一种是"后发而先至"。先发，可以谋求先发优势；后发，可以谋求后发优势。再好的机会，如果后知、后觉、后至，与蜂拥而至的各路对手同位竞争，要想胜出，其机会自然极小。作战行军，行军千里而不劳顿的诀窍在于"行于无人之地"，没有敌人的阻碍和伏击；企业在经营中"行于无人之地"，就是要通过创新不断挖掘新的细分机会或探索新的业务模式，创造"无争"地带，其实质也是谋求比竞争对手早一步抵达战场，构建先至优势。

其五，"先至"可能塑造出"一家独大、独领风骚"的领先优势，进而形成垄断效应，在接近"无争"的竞争环境中，获取超额利润，实现"不战而屈人之兵""兵不顿而利可全"的"全胜"状态。如微软的Windows系统、腾讯的微信平台等在市场中形成"一家独大"的局面。

总之，"先至胜"的战略原则，是企业在谋划业务布局时应遵循的基本原则之一。"先至"可赢得率先构筑优势的先机，在产品竞争力、技术成熟度或领先性、渠道覆盖率、品牌影响力、供应链、规模、定义行业标准等诸多方面形成竞争优势。

"先至"布局的两个基本维度

在经营中，"先至"布局有两个基本维度：一种是产品维度的"先至"布局，一种是市场维度的"先至"布局。产品维度的"先至"布局，既有基于对客户潜在需求的洞察，也有基于对产业演变趋势的判断等；而市场维度的"先至"布局，既有对新的细分客户群的开发，也有对新的地区市场或新的服务场景的探索。不论哪一种形式，都可能争得"先至"优势，帮助企业实现"致人而不致于人"的竞争主动，甚至"不战而屈人之兵"的"全胜"。

第一个维度：产品维度的先至布局。

基于对客户需求的深刻理解和敏锐洞察，对现有产品进行突破创新，开发出改变游戏规则的新产品，引领客户需求，对产品进行前瞻性战略布局，从而谋求战略主动。

盛田昭夫说："我们的政策不是先调查用户喜欢什么商品，而是用新产品去引导他们消费。"乔布斯也曾说："消费者并不知道自己需要什么，除非你把产品展示给他们看。"

【苹果：洞察引领客户需求】

在 2007 年以前，诺基亚、摩托罗拉、三星都推出了智能手机，并且销量极好，其中诺基亚的 N95 当时号称"机皇"。面对强大的竞争对手和广受消费者欢迎的产品，乔布斯却认为这些产品并不完美。

苹果公司在 2007 年正式推出 iPhone 手机。iPhone 手机一经上市，便引发了美国消费者的关注热潮，有媒体甚至将其誉为"上帝手机"。iPhone 手机颠覆了人们对手机的传统认知，获得消费者的狂热追捧。在外观上，将苹果公司一直崇尚的时尚产品的概念应用到手机上，改变手机的外观和功能限制，"全触摸屏"+按键的设计让所有人惊叹称奇，颠覆了消费者认知。在功能上，iPhone 手机是第一个真正意义上的网络和手机结合的产品，大量应用了 Web、Wi-Fi、音乐、拍照、地图等功能，搭建了苹果 App 应用程序商城以提供丰富的软件应用。通过持续的迭代创新，iPhone手机使用体验不断升级完善，始终保持强大的市场号召力。而当时处于绝对领先地位的竞争对手，短短几年就被超越，并最终退出了手机行业。

据公开数据显示，2007年，初代iPhone销售量达到139万部；2008年iPhone 3G上市后销量突破1160万部；2009年，iPhone 3GS销售量达到2073万部；2010年，iPhone 4销售量达3999万部；而到2021年，苹果iPhone手机总销售量超过20亿部，全球1/4以上的智能手机用户都是iPhone用户。（数据来源：数据基地网站）

而iPhone手机只是苹果公司众多广具影响力的创新性产品（如播放器iPod、平板iPad、无线耳机AirPods等）中的代表之一。无论是设计、技术，硬件还是软件，苹果公司一直以其惊人的客户洞察力，精准把握客户的真实需求、潜在需求，解决客户体验中的痛点，以创新精神推出了一代代颇具颠覆性的新产品，引领着客户消费。苹果公司让其竞争对手可望而不可即，处于"一直被追赶、从未被超越"的领先地位，实现了"致人而不致于人"的战略主动。

"避实击虚、侧翼进攻"，不直接与强大对手在其强势领域打阵地战，而是细分客户，围绕差异需求、差异场景，在对方的侧翼、虚处，开辟一个差异化的新战场，实现"先至"，在新战场率先构建起自己的领先优势。

【新浪、腾讯、阿里在社交软件上的攻防】

2020年9月5日，腾讯微博官方宣布，于2020年9月28日23时59分正式停止服务和运营。至此，腾讯微博正式落下帷幕。

新浪微博于2009年8月上线，保持着爆发式增长。2010年10月底，新浪微博注册用户数超过5000万，一大批博主及铁粉用户已在新浪微博平台上建立了自己的社交圈，黏性强、活跃度高，很难再转换。2010年官方公布数据显示，新浪微博每天发博数超过2500万条，微博总数累计超20亿条，已是国内最有影响力的微博运营商。

而腾讯微博于2010年4月1日开启小规模内测，5月开始开放用户邀请注册。面对新浪微博已经形成的领先优势，腾讯投入巨大资源发起猛攻，到2010年10月，腾讯微博用户规模已达1亿。规模虽然拉上去了，但腾讯微博用户活跃度却始终上不去。据悉，在2013年底，腾讯基本放弃了腾讯微博的发展，直至2020年官宣停止运营。

在媒体社交领域没有打赢新浪微博，但腾讯在生活社交领域取得了突破。2011年1月，腾讯瞄准熟人社交场景，推出了微信。经过快速、持续的迭代升级，微信产品核心功能日益丰富，体验越来越好。到2011年12月，用户数量突破5000万；2012年3月，突破1亿；2012年9月，突破2亿；2013年1月，突破3亿；到2013年10月，腾讯微信的用户数量已经超过了6亿，日活用户1亿，成为全球用户数量最多的通信软件。

而就在腾讯微信功能日益完善、用户规模接近6亿的时候，2013年9月23日，阿里巴巴发布了移动社交软件——来往。主要功能与微信类似，计划与微信展开正面竞争。这也是阿里巴巴新成立网络通信事业部后，首个对外正式亮相的集团核心级项目。软件上线后，阿里虽然做了很多推广工作，包括请明星站台、员工拉粉等，但几个月后便再无声响。

与此同时，阿里打造的"钉钉"则避开微信锋芒，取得成功。与"来往"不同，"钉钉"虽是即时通信工具，却主要面向企业级用户，解决团队工作的实时沟通问题，提升企业的协同办公效率，不仅避开了与腾讯微信在个人社交领域的直接竞争，而且抄了微信在企业沟通领域的大后方。

目前，"钉钉"的功能已极大丰富，将IM即时沟通、文档、钉盘、DING、OA审批、钉钉闪会、考勤打卡、员工名册、KPI考核、员工培训、人事管理、智能售后、精益生产、工作台等进行深度整合，支持企业在人、财、物、产、供、销等方面的全面数字化，从简单的沟通工具进化成为领先的企业级移动办公平台。截至2022年底，钉钉用户超过3亿，企业组织数量超过1500万家。据第三方机构QuestMobile数据，2022年7月，钉钉月活跃用户数为1.91亿，排名第一，是第二名企业微信用户数（9599万）的接近两倍。

腾讯微博后发跟进，主攻已经取得网络效应和领先优势的新浪微博而失利；腾讯微信则从新浪微博的非核心区——生活社交、熟人社交领域切入，实现快速突破，迅速成为熟人社交领域的绝对领导者。阿里跟进布局社交软件，瞄准腾讯微信的优势阵地发起进攻，纵然阿里的资源实力雄厚，但也无法支持"来往"在与微信的竞争中胜出。而正是得益于细分需求、细分场景，聚焦于团队沟通、工作交流，"钉钉"开辟了一个差异化的新战场，并率先构筑起竞争优势，获得巨大成功。

有些时候，仅从客户需求角度判断还不够，还需要具有更宏观的趋势视角。企业家基于对经济社会发展趋势、产业技术或政策等产业发展趋势的洞见，对趋势性业务领域进行前瞻性战略布局，率先构筑起在目标市场的竞争优势，完成"先至"布局，实现战略主动。

【比亚迪：电动汽车领域的"先至"】

比亚迪创立于1995年，于2003年正式进军汽车产业。在进入汽车行业5年后的2008年，比亚迪推出了首款新能源汽车F3DM，标志着其正式进入了新能源汽车领域。虽然此时全球新能源车尚处于萌芽阶段，但国外的丰田、宝马、通用等车企对电动车技术的探索早已开始，比亚迪并不是最早进入的。比亚迪坚信，能源可持续、环境可持续——节能减排是全球汽车产业发展的趋势，新能源汽车的普及和发展将是汽车行业的巨大机会。

在过去10多年中，当国内传统汽车销量增速放缓，逐步进入存量博弈、中小品牌被压缩的时候，传统民营车企纷纷做出各自探索，比如：吉利在2010年收购沃尔沃，通过引进技术来提升自身的品牌形象；长城聚焦于SUV，以充分把握SUV市场的红利；而比亚迪则坚持将投入的重心聚焦于新能源车。历经多次电动车产品的迭代，比亚迪电动车掌握了电池、电机、电控和芯片等全产业链的核心技术及其集成能力，逐步建立起电池电机生产、车规级芯片制造、整车制造、零部件生产等一体化产业链布局，成长为全球新能源汽车领域的龙头车企。

从2014年开始，比亚迪连续多年成为纯电动大客车的全球销量冠军，客户遍布欧洲、美国、日本、韩国、澳大利亚、新加坡等国家和地区的 100 多个城市。根据工信部公布的数据，2021 年中国新能源汽车市场迎来爆发，新能源汽车销量达 352 万辆，同比增长 160% 以上。而据比亚迪公告数据，2021 年，比亚迪全年新能源车销量近 60 万辆，总体市场份额占比 17%；2022 年，比亚迪新能源汽车市场份额继续提升，已达 27%。

近年来，越来越多的传统车企和造车新势力涌入新能源汽车造车队伍。毫无疑问，在这一轮汽车电动化升级中，比亚迪通过前瞻性布局，提前构筑起相对领先的竞争优势，占据了有利的竞争位置，充分体现了"先至胜"的战略原则。

"先至"布局，不仅有助于企业获得竞争优势、占据竞争主动，而且可能让企业实现"不战而屈人之兵"、不战而胜的全胜状态。

【光启：国内超材料领域的"先至"】

超材料是一些具有人工设计的结构并呈现出天然材料所不具备的超常物理性质的复合材料。"超材料薄层能够让光线绕过物体，让人眼不能接收到物体反射的光线，从而实现物体隐形的预测。"2008 年，《科学》杂志将超材料评为过去 10 年人类十大科技突破之一。光启作为国内最早一批超材料研发机构，经过十几年潜心研发，从实验室研究开始，逐步建立起了自主培养的尖端人才队伍，率先积累了从逆向设计和超算能力优势，到精密制造技术和超材料高精度检测技术的领先优势，集"研发—设计—测试—批产"于一体，打通了超材料产业化的全链条。同时，光启积累了数千件技术专利，实现了超材料底层技术专利的覆盖，在全球超材料领域专利申请位居第一，构筑起强大的知识产权壁垒。可以说，通过率先在新技术领域的扎实探索，光启引领开辟了国内超材料这一全新行业。这种"先至"优势，转化成为领先的胜势，形成了暂无对手、超越竞争的"全胜"局面。

第二个维度：市场维度的先至布局。

基于对细分的目标客群或地域市场增长潜力的预判，率先或更加重视地将现有产品在有潜力的新市场进行提前布局，努力取得新市场开发的领先优势。

以现有产品去布局新的客户群或新的地域市场，是战略扩张、寻求新增长曲线的重要途径。华为、美的、小米等一大批中国品牌崛起后，瞄准国际市场，积极打造新的增长极。根据企业财报报告，2021年，华为运营商业务海外收入占比超过50%，美的集团海外市场收入占集团总营收的40.3%，小米海外市场营收占比接近50%，同比增长33.7%。

【传音：重点布局非洲手机市场】

作为一家总部设在深圳的公司，传音在国内手机消费者中非常陌生，但它在非洲却家喻户晓。2006年创立的传音，经过2007年短暂试水之后，2008年便将发展重心完全投向手机普及率仅有20%多的非洲市场。而这20%多的普及率主要是埃及、南非等少数几个国家较高普及率拉动的，大部分国家普及率是极低的。更重要的是，非洲10亿人口中有近7亿是30岁以下年轻人，而像尼日利亚、埃塞俄比亚等不少国家经济正处于快速发展中，整体市场潜力大。

而与此同时，非洲市场的主要竞争者三星、诺基亚等品牌，更加关注欧美、东亚等发达市场，更多精力放在应对智能手机创新，对功能机需求主导的非洲市场重视不足，在需求满足上存在很多不足。比如，非洲电力基础设施薄弱、电压不稳定，超长待机需求普遍；当地运营商众多，信号覆盖面小且不稳定，频繁换卡问题突出。

基于对非洲市场手机业务增长潜力的预判，传音利用成熟技术、产品、经验，全力布局当时以功能机需求为主的非洲市场。凭借产品本土化、高性价比、极低价格及户外无处不在的广告横扫非洲，到 2014 年，其市场份额已达 30%。虽然从 2008 年开始，国内市场快速进入智能手机普及时代，但非洲市场发展要慢一些，一直到 2015 年左右智能机需求才开始加快。到 2019 年，非洲 3G 及以上移动宽带网络覆盖人口仅 75%。而在此过程中，传音凭借多品牌布局，成功抢占主要细分市场，itel 覆盖基层大众用户市场，TECNO 品牌主打中高端市场，Infinix 精耕年轻时尚用户市场，兼顾功能机和智能机需求。据 IDC 公布的数据，到 2021 年，传音在非洲功能机市场份额接近 80%，智能机市场份额进一步提升至接近 50%，TECNO 已超越三星成为非洲最大智能手机品牌。

近几年，不少手机厂商开始加强非洲市场布局，但面对传音率先在非洲市场所构建起的领先优势，进展大多缓慢。而传音则充分享受到非洲市场从功能机时代贯穿到智能机时代的丰厚市场红利。

追求差异化是"先至"的重要目标。产品是基本竞争单位。处于同质化的竞争状态，自然难以吸引客户，疲于拼刺刀。

差异化主要有三种来源：一种是与竞争对手创造出不一样的客户

价值、更大的客户价值；一种是以比竞争对手更低的成本创造出同样的客户价值；一种是以比竞争对手更快的速度创造出客户价值，这在某些需求迫切的关键性领域或事件中表现得更为突出。

进一步来看，这三种来源归根到底产生于两种基本活动：一种是运营层面的改进；另一种则是战略层面的创新。在竞争的驱使下，任何活动所创造的差异化优势，都有其"保鲜期"，因此，持续的运营改进和重新的战略设计是塑造持续性优势的必然之举。在一些行业，比如服装、家电等行业，企业在运营上的持续改进和投入，已经不能带来盈利上的显著提升，此时，战略再设计就成为企业构建差异化的唯一途径。

当今任何一个地方、一个企业的产品和服务几乎可以瞬间推送到任何一个能连接上网络的客户面前。可以说，信息是透明的，市场是平的。市场上同质化现象越是严重，企业对差异化的思考就越是紧迫。我们最擅长的是什么？我们在哪里完成先至布局、创建差异化？怎样保持相对领先的竞争优势？

两个矩阵

在思考业务或产品的战略布局时，一般可以利用波士顿矩阵和安索夫矩阵两个战略分析工具来协助分析，做出业务取舍、业务组合，规划业务布局，明确战略定位。

在安索夫矩阵中，以产品和市场作为两个维度，构建一个 2×2 矩阵，组合生成四种选择：①原有产品＆原有市场；②原有产品＆新市场；③新产品＆原有市场；④新产品＆新市场。（如图 4-1 所示）

图4-1 安索夫矩阵（Ansoff Matrix）

根据安索夫矩阵，企业在制定战略时，问自己四个问题：

- 现有市场上现有的产品是否还能获得更多的市场份额？
- 是否能为其现有产品开发一些新市场？
- 是否能为现有市场开发若干有需求潜力的新产品？
- 有哪些全新的机会，推出哪些新产品进入全新的市场？

开发新产品去拓展新市场，因为考虑到企业原有经验、能力和资源的限制，一般认为是最危险的做法。然而，如今商业环境已经发生很大变化。由于人才、资本、技术等关键生产要素具有以往不可比拟的流动性、可获得性，同时传统行业日趋内卷，而新一轮产业革命驱动下新兴产业领域的机会多，新兴技术与传统行业结合创造的跨界融合机会也多，因此，布局新行业、开发新产品去拓展新市场，已经不再是"自杀"选项或最后选项，而是在做战略布局、企业转型时的重要思考方向。

在波士顿矩阵中，一般设定两个基本因素：即行业或市场引力与企业竞争力，构建一个2×2矩阵，组合形成四种不同性质的业务或产品类型，对不同业务领域做出决策，用于确立公司最优的业务组合。（如图4-2所示）

图4-2　波士顿矩阵（BCG Matrix）

在实际操作中，矩阵的两个维度可以调整运用。除了市场增长率，还可综合考虑市场规模、市场收益率、定价趋势、竞争强度、投资风险、进入障碍等因素，准确反映行业吸引力。同时，除了市场份额，还可综合考虑企业的资产实力、市场份额、市场份额的成长性、顾客忠诚度、相对利润率、核心能力等因素，准确反映企业竞争实力。

具体分析中可根据业务特点，选择1~3个最主要因素进行综合分析，以简化评估的操作。如果选择2个以上，就要对选出来的因素分别赋予相应的权重，并建立分级评分标准，给每个因素打分，最后加权计算各业务在市场吸引力和企业竞争力上所得分数，以此为依据来确定在矩阵图中的位置。

A区：处于市场吸引力和企业竞争力"双高"区域的业务，是明星类业务。对应的战略是增加投入、加速扩张，进一步构建差异化竞争优势，扩大市场领先度，并试图构筑竞争壁垒，防止新的竞争者进入。

B区：处于市场吸引力低、企业竞争力高的区域的业务，是金牛类业务。业务进入成熟期，销售量大、利润率高，由于增长率低，也无须增大投入，对应的战略是适当控制成本、保持盈利能力、持续收获，可为企业提供资金支持其他业务。

C区：处于市场吸引力高、企业竞争力低的区域的业务，是问题类业务。市场机会大、前景好，但企业在某些方面存在问题导致在该领域竞争力不足，对问题产品应采取选择性投入战略，率先在产品、渠道、技术等若干重点方面形成突破，逐步建立起竞争优势，获得更多市场份额。

D区：处于市场吸引力和企业竞争力"双低"区域的业务，是瘦狗类业务。业务处于保本或亏损状态，无法为企业带来收益，对这类业务应采取撤退战略，控制成本开支，减少资源投入，将资源分配至其他业务中。

业务虽被分类，但业务之间可能存在相互协同、相互影响的某些关系，从整体角度综合看待和整体协调，是总部应承担的职责。波士顿矩阵是企业总部进行多业务或多产品组合管理的重要工具。

02 以迂为直的四种形式，助力争先

用兵之法，主将接受君主的命令，从召集人马、组织军队，到安营扎寨、与敌对阵，在这一过程中，没有比在作战中争取有利制胜条件和先机更难的事了。

"军争"中最困难的地方，就在于以迂回行军的方式，把弯路、远路变成捷径，实现更快到达预定战场、取得主动权的目的，把看似不利的条件变为有利的条件。

《孙子兵法》原文

凡用兵之法，将受命于君，合军聚众，交和而舍，莫难于军争。军争之难者，以迂为直，以患为利。

——《孙子兵法·军争篇》

商业战略解读

所谓"军争"，就是指两军在决战中，如何抢占制胜条件、如何夺取胜利的问题。孙子说，军争是最难的事情。争得有利条件，增加了胜算；争不到有利条件，就危险了。甚至，在争的过程中就遇到危险了，"军争为利，军争为危"。他列举了"举军而争利，则不及""委军而争利，则辎重捐""百里而争利，则擒三将军""五十里而争利，则蹶上将军"等可能出现的危险局面。

在追求"先至"的过程中，会遇到很多困难和障碍。争，不仅要用"力"争，更要用"智"争。迂与直，是从路线远近的角度来表述的；患与利，是从利害的角度来表述的。两者本质意思是一样的，都是想办法创造条件，化不利为有利。在此过程中，如果能做到"后人发，先人至"，那么就是懂得了"迂直之计"。

以迂为直、以患为利的"军争"思想，在企业战略管理中有四种典型表现形式，包括"曲线救国"模式、"磨刀不误砍柴工"模式、"爬雪山"模式和"利用周期性低谷"模式。

"曲线救国"模式

"曲线救国"模式，也可称为"农村包围城市战略"，其特点是以迂为直、迂回前进，从竞争对手"未至"或虽至但力量薄弱的外围或周边市场切入，最终攻占主要目标市场，实现总目标。

前些年，美国政府对中国光伏电池及组件等进行全面打压，征收反倾销与反补贴税。龙头厂商采取到东南亚、非洲、南美、墨西哥等地投资建厂的应对策略。最常见的为东南亚设厂，从中国进口硅料及硅片，在东南亚生产电池片及组件，再出口美国。再如，华为在遭遇美国制裁和芯片断供后，智能手机业务受到了极大影响。于是，选择"曲线救国"的方式来挽救手机业务，让"亲儿子"荣耀独立出去，成为关键一步。

【拼多多：从下沉市场曲线攻入一二线城市】

拼多多在 2015 年才正式上线，当时的淘宝、京东等电商平台正在一二线城市激战，新进入者根本无法在一二线市场生存。拼多多通过主打社交电商，以拼购为抓手，聚焦于对价格敏感的三四五线城市客户群。借助微信的流量赋能，拼多多收获了大批下沉市场用户。在下沉市场成功突围后，进一步向上渗透一二线城市，进攻淘宝天猫的优势阵地。截至 2021 年底，拼多多年活跃买家数为 8.69 亿，较上一年的 7.88 亿同比增长 10%，反超淘宝。短短 6 年，拼多多逆袭坐上了用户最多的中国第一大电商平台的宝座。

"磨刀不误砍柴工"模式

"磨刀不误砍柴工"模式的特点是，一步一个脚印，扎实积累，逐步掌握核心技术，占领更大市场份额，取得领先优势。路虽远，行则将至，这也是大部分企业实现超越和领先的必由之路。

华为的5G技术取得世界领先，是数十年持续投入、数万人持续专研，从技术模仿、追赶，再到超越、引领的过程。如果当初仅满足于代理销售、花钱买别人现成的技术，虽然简单快捷，但会丧失自主性和自主研发能力，受制于人，今天就不可能在5G技术上成为领跑者。

【大疆：厚积薄发，后发先至】

大疆公司创立于2006年，从创立之初开始，这家公司就一直在无人机领域深耕。大疆创立的时候，APM开源飞控刚刚起步，在行业内并没有形成行业差距，因为它并不是第一家做无人机的公司，也不是做得最大的公司。大疆立足自主研发，并善于将全球范围内最好的资源集中起来，开发出具有市场竞争力的产品。大疆持续开展科研投入，积累技术，2015年开始，专利申请量迎来井喷式发展，远远领先主要同行。根据智慧芽数据，截至2021年8月，大疆位列全球无人机行业申请专利数量企业榜单TOP1，申请数量为2736项，遥遥领先，可谓是"后发而先至"；而美国波音公司申请数量为365项，位列第五。

由于长期积累形成了完全自主的技术体系和产业链，大疆牢牢掌握了行业话语权。因此，即便面对美国政府的各种围追堵截，大疆依旧占据了国内无人机市场超过70%的份额、全球无人机市场80%的份额，成为全球民用无人机市场的绝对领导者。

"爬雪山"模式

企业发展过程中，难免会遇到一些重大挑战或困难，横在面前，绕不过去。攻克了，企业就获得了突破，甚至一跃而上占据领先地位；攻克不了，企业可能就卡在那里徘徊不前，甚至死掉。

"爬雪山"模式的特点就是，企业发展面临巨大障碍，矛盾无法回避。只有直面压力，攻克困难，翻越挡在前面的雪山，企业才能活下去。那么，勇于攻坚克难，把"难"打掉，走最远最难的路，就是迈向领先最快的路，这也是化迁患为直利的一种表现。

【比亚迪：最远最难的路就是最近的路】

相比纯电动和传统内燃机，混合动力系统的研发难度更大，需要系统性地控制发动机、变速器、电机等，让各个部件之间实现良好的配合，保障切换的平顺性。因此，车企选择混动技术往往需要巨大的勇气和研发投入。从2008年比亚迪首款、也是全球首款量产插电混动车型F3DM上市以来，比亚迪插电混动技术在过去13年共演进了四代，攻坚克难、啃硬骨头，终于成功突破关键技术难点，开创了领先的混动新天地。

据介绍，比亚迪新研发推出的DM-i超级混动，与传统混动技术主要依赖发动机、以油为主的思路完全不同，它是一套以电为主的架构。"DM-i全新的动力架构和能量系统，将让搭载该技术的产品在经济性、动力性和舒适性方面实现对燃油车的超越"，"比亚迪推出的DM-i超级混动车型，以同等价位的插混车型对合资品牌的燃油车实现了降维打击"。

IGBT模块，在新能源汽车中应用非常广泛，主要用于控制电压、电流，是调节动力驱动的重要装置，堪称电子装置的CPU。在比亚迪之前，车规IGBT芯片就如同一座雪山，国内基本没有企业可以越过。这个难题被比亚迪攻克了，2009年比亚迪推出了国内首款自主研发的IGBT芯片，2018年推出IGBT4.0芯片，2022年比亚迪宣布已经攻克了IGBT 6.0芯片技术难关，高端芯片即将量产。比亚迪IGBG6.0车载芯片为90纳米，采用新一代自主研发的高密度沟槽栅技术，相较于同类产品在工艺的成熟度、芯片的可靠性以及耐用性上都取得了重大突破，在国际上也处于先进水平。

不仅如此，比亚迪覆盖了从材料研发、芯片设计、晶圆制造、模块设计与制造，到整车应用的全链条，成为中国目前唯一一家拥有IGBT全产业链的车企。对于一些暗讽中国芯片制造能力的言论，王传福说："芯片是人造的，不是神造的！"

比亚迪不畏难题，迎难而上，通过持续地探索和创新，攻克突破了车规级高端芯片技术难关，不仅为比亚迪自身造车解决了芯片"卡脖子"的问题，也为中国半导体产业争了一口气！

【华为：鸿蒙扛住巨大压力，实现战略突围】

再以鸿蒙为例。在面对美国制裁和谷歌中断系统及应用服务的情况下，华为没有捷径可走，没有所谓的"直"路，只有一条路，那就是自主研发手机操作系统、自主提供应用服务。这是一条困难重重、距离很远的路，这不仅需要华为在技术研发上攻坚克难，而且需要华为在短时间内构建一个全新的鸿蒙系统生态圈，这甚至比所谓的技术研发更难。这是"迂"途。华为直面困难，全力以赴，通过高效的组织和高强度的投入，仅用了短短两年时间，就推出了世界第三款手机操作系统，又用了一年时间，就将操作系统的用户数扩大到了 3 亿的规模。华为用"爬雪山"的精神，攻坚克难，占据了"全球第三大手机操作系统"这一地位，充分践行了"以迂为直，以患为利"的军争思想。

"利用周期性低谷"模式

大自然有春夏秋冬周期交替，经济与行业发展也有上下行周期轮回。在经济低迷时期或行业下行的低谷期，因需求收缩、融资困难等原因，从业企业的经营压力骤然增大。为了应对困难局面，一些企业会采取控制成本开支、减少投资支出、收缩规模、退出一些业务或市场，乃至出售相关资产、转让企业股权等措施，来降低经营风险，增强生存能力。

而也有一些企业着眼长远，看好行业的长期发展趋势，把握行业发展迂回回落的时机，以迂为直、以患为利，积极采取逆势扩张的战略，快速进入一些以往想进未进或难进的市场，抑或以较低的成本获得优质的资源或资产，实现了跨越式发展。这就是"利用周期性低谷"模式。

【链家：把握房地产周期低谷，逆势扩张，实现整合】

过去 20 年，是中国城市化进程最快、房地产市场发展最火的一个阶段。在这个阶段，因政策调控或国际金融危机等因素影响，多次出现了市场低迷期、低谷期。以链家为代表的一些房产公司，把握行业迂回回落时机，以迂为直，逆势扩张，陆续进入主要地区，完成全国化战略布局。链家最终以"贝壳找房"平台完成大整合，造就了当前中国最大的房产服务平台。

2005 年，随着"国八条"等一系列调控政策出台，新房和二手房市场成交量迅速萎缩，市场一度非常低迷。而链家趁对手关店收缩的机会逆势扩张，短短两年，从 30 多家门店扩张到 300 多家。在 2007—2008 年金融危机期间，大批同行纷纷关店，其中一家同行接连关店 300 多家，而处于北京市场第三名的链家主动接盘同行门店、大举开店。到 2009 年，门店数量一举超过 500 家。到 2010 年，链家在北京的市场占有率已经达到 30% 以上。

随着金融危机期间稳定房地产市场发展的政策发力，市场从回暖走向过热。2011 年，随着"国十一条"、新"国八条"等限购、限贷政策的推出，随后将近两年的时间里，二手房交易市场再次陷入低迷，链家却将触角进一步伸到了多个二线城市。2015 年，链家先后并购了伊诚地产、上海德佑地产、深圳中联地产、高策机构、杭州盛世管家等房产经纪公司，到 2015 年底，链家进入了全国 24 个城市，全国门店数量突破 5000 家。2016 年 12 月，中央首次提出"房住不炒"，全国房地产调控开始进入全面收紧阶段。2018 年 7 月，中央提出"坚决遏制房价上涨"，各地陆续出台调控政策，对二手房市场交易及市场参与者心理产生较大影响。但也正是 2018 年，"贝壳找房"平台成立，在链家直营门店之外，依托贝壳平台和链家资源，全面拓展加盟店，开展了新一轮的扩张圈地。据贝壳年报数据，到 2021 年，贝壳平台活跃门店数量超 45000 家（含链家门店），成为中国最大的 O2O 房产服务平台。

【洛阳钼业：把握矿业周期低谷，实现跨越式发展】

洛阳钼业前身是河南省洛阳市栾川县一家国有钼矿企业，曾一度严重亏损，负债累累。而洛阳钼业从河南一个县城小矿企成长为全球矿业巨头，仅用了10余年时间。洛阳钼业2012年登陆A股市场时，其营业收入约57亿元；到2022年，其营业收入超过1700亿元，10年时间营业收入增长近30倍。

洛阳钼业成功的关键秘诀，就是通过精准把握矿业周期，连续成功实施大手笔并购，推动公司实现飞速发展。矿业公司生存的命脉就是必须持续地布局优质资源。洛阳钼业对矿业公司本质和行业发展规律有着深刻认识，同时对重点产业发展趋势和需求有着深入研究。

"处于周期底部的时候，适时出手，才能以相对较低的价格拿到好资产。"比如，2015—2016年，全球大宗商品包括石油价格全线下跌，矿业整体进入寒冬期。全球最大的上市铜生产商自由港公司，在经历2014年和2015年连续两年亏损后，2016年初，其市值跌到最低，仅44亿美元。为改善财务状况，自由港公开表示将通过出售资产以偿还债务。洛阳钼业抓住机会，从自由港手中收购了刚果（金）铜钴业务TFM56%的股权，获得了这一世界级资源。而在洛阳钼业完成并购后不久，大宗商品价格开始回暖，钴价、铜价迅速上涨，2017年，钴价翻了一番，铜价涨了30%。而钴是锂电池的重要原材料，是新能源汽车发展的战略性基础资源。目前，洛阳钼业以555万吨钴资源量居全球第一，占全球22%的份额。

当然，利用行业周期性低谷，以迂为直、逆势扩张，有两个基本前提：第一是行业需求和发展趋势长期向好，处于总体上行的大周期中，而不是趋于萎缩的大周期中，这个大周期至少 10 年；第二是有足够的资源条件和较扎实的基础能力，确保低谷期的逆势扩张不会造成重大风险隐患。

长达 3 年的新冠疫情，让国内外很多企业面临着巨大的经营压力，财务状况不容乐观。这为一些平常基础扎实的企业把握低谷期，以迂为直，获取相关业务、技术、资产等带来难得机会。

第二节 ● 集中胜：十攻其一，以众击寡

　　将我方的力量聚集到一处，而敌人的力量分散到十处，那么我方就能以十倍于敌的力量去攻击敌方之一处。这样一来，就能形成以众击寡。若能以众击寡，那么对我方来说，交战过程中敌方的人数就很少了。

　　防备前面，则后面兵力不足；防备后面，则前面兵力不足；防备左方，则右方兵力不足；防备右方，则左方兵力不足。所有的地方都防备，则所有的地方都兵力不足。兵力不足，是因为分兵防御敌人；兵力充足，是因为迫使敌人分兵防御我方。

《孙子兵法》原文

　　我专为一，敌分为十，是以十攻其一也，则我众而敌寡。能以众击寡者，则吾之所与战者，约矣。

——《孙子兵法·虚实篇》

备前则后寡，备后则前寡；备左则右寡，备右则左寡；
无所不备，则无所不寡。寡者，备人者也；众者，使人
备己者也。

——《孙子兵法·虚实篇》

商业战略解读

克劳塞维茨在《战争论》中说，"战略上最重要而又最简单的法则是集中兵力"，"必须将尽量多的部队投入决定性地点的战斗"；毛泽东讲，"集中优势兵力打歼灭战"，讲的就是一个战略聚焦问题。

里斯在《聚焦》一书中对聚焦有这样的描述：太阳的热量威力巨大，但因距离地球遥远，辐射面太大太分散，伤害性几乎可以忽略。但是，当有人用聚焦镜将阳光收集变成一束光射向木头的时候，光束所到之处便会燃烧，这就是聚焦的力量。

对于进攻者来说，集中兵力在一个相对聚焦、狭窄的阵地上展开攻击，形成十攻其一、以众击寡的态势，相对于广泛的战线更容易取胜；对于防守者来说，集中兵力在重点、必保的阵地上展开防御，相对于广泛战线分散兵力设防，更容易阻击对手，实现关键性突破。

战略集中，或称战略聚焦，有三个要点：

一是目标上的取舍，集中的必然意味着有舍弃。所谓"伤其十指，不如断其一指"，集中于"一指"，意味着要做出放弃其他"九指"的决定。企业要想在某个领域取得真正领先，必然要放弃在其他领域所面临的各种诱惑。

二是力量上的集中，围绕目标聚焦资源投入，在主攻方向上、决

定性业务环节或细分市场上，形成竞争优势。如果不能做到压倒性绝对优势，也要具备可靠的相对优势，如此才能形成突破，取得决定性胜利。

三是时间窗口的把握，在关键性的时间窗口内实现兵力集中，把握好时机、战机，错过时机的资源集中就是浪费。

战略集中的根本原因，是企业的资源和能力总是相对有限的。多元经营的关键问题，不是企业想不想，本质是能不能。每进入一个细分领域，都将面临新的、更多的竞争对手，一旦超越了企业资源能力优势的边界，就会面临"备前则后寡，备后则前寡，备左则右寡，备右则左寡，无所不备，则无所不寡"的窘境，那么离失败就不远了。

01 战略集中铸就领先优势

在经营中，违背战略集中原则的情况比比皆是。这种现象，不仅在大企业中经常出现，中小企业中存在这个问题的也不在少数。处处布局、处处投入，撒胡椒面式的探索和投入，没有一处能做大、做强，每一处都不能形成领先优势，甚至因为在各个方向都处于不强的状态而被各个领域的主要竞争对手逐一击破。

小企业的战略集中，强调"为一不为二"。小企业资源和能力有限，要想在激烈的竞争中生存发展，必须从聚焦一点、专注一点开始。那些行业巨头，在成长为大企业的过程中虽然所处行业或市场环境各有不同，但有一点几乎相同，那就是在起初阶段选择了战略性聚焦，做出了舍弃，在发展过程中做到了坚持和专注。处于中尾部的大量的小企业，其最佳战略就是聚焦，将兵力集中于一个"狭窄战场"，比如一个细分的人群、特定的行业、1~2 款产品等，以获得局部优势，形成"针尖效应"。如果这样还不能获得优势和胜利，那么就应考虑更换目标战场，以节约资源。

大企业的战略集中，强调"有所为有所不为"。大企业拥有相对多的资源，在进攻面上自然拥有更大的主动空间，但总体上也应有所聚焦、有所侧重。大企业资源越多，往往也越容易高估自己的能力，而小企业集中力量专注于大企业薄弱的某一点，反倒可能在局部细分领域形成"以众击寡、十攻其一"的相对优势，这就是小企业崛起反超大企业的秘密。

业务不聚焦，由多种原因造成，包括：洞察不深，不敢聚焦；经不住诱惑，不愿舍弃；增长压力大，四处出击。业务尝试和孵化本身没有问题，但焦点的过度分散往往导致无法取得大的突破。当然，也有管理者规避责任、不愿取舍的。无论哪一种原因，企业都需警惕。

如何把握"有所为有所不为"的边界？主要源于两个因素的组合考虑：企业自身的使命、愿景和拥有的资源能力条件。机会取舍矩阵包括以下四个象限。

积极有为象限：战略机会既符合企业的使命愿景（长期追求的方向和目标），又已具备或比较容易获取到所需的关键资源能力，那这种机会应全力把握，积极有为。

积蓄力量象限：战略机会符合企业的使命愿景，但当前企业不具备成功所需的关键资源能力，那么洞察到机会后，应有计划地积蓄力量，等待时机出击。

不为或重塑象限：在某个领域面临较大的战略机会，但不符合企业的使命愿景，而企业又恰好具备关键的资源能力，那么此时要么不为，放弃机会；要么重新评估和调整企业发展战略，重塑自己的使命愿景，以把握住战略机会，也就是所谓的战略进化或战略跃升。

不为象限：战略机会既不符合企业的使命愿景，企业也不具备关键资源能力，这种机会应毫不犹豫地放弃，不为。各种机会和诱惑很多，不迷失战略方向很重要。（如图 3-1 所示）

	不具备 关键资源能力	具备 关键资源能力
符合 使命愿景	积蓄力量 伺机而为	积极有为
不符合 使命愿景	不为	不为或 重塑使命愿景

图3-1　机会的取舍

当然，战略集中也有一定风险。主要表现在：

一是环境变化的风险。当政策环境、行业环境、客户需求等外部环境发生重大变化的时候，企业聚焦于某一方面的战略惯性、固有观念甚至偏局限的视角，将为组织带来应变不及时而遭受挫折的风险，同时也可能失去一些新的战略机会点，陷入战略僵化的误区。

二是孤注一掷的风险。如果聚焦的方向存在判断失误，或者没有能够在聚焦的方向上形成绝对优势，从而无法实现突破和领先的话，那么对企业来说，便面临着没有退路的风险。竞争是多方的、动态的，竞争对手也可能在此加强资源的集中，而我们无法掌控对手的行动。因此，聚焦并不能确保我方形成局部绝对优势。

因此，企业应以半年为周期，对外部战略环境进行监测评估，进行必要的战略预警；以半年度或年度为单位，对战略执行情况进行一次总结评估，并进行必要的战略纠偏。

当企业成长到一定优势区间时，应定期开展战略复盘，对所聚焦的领域及聚焦领域之外的机会进行复盘评估，对如何保持传统领域的领先优势及如何利用核心能力开拓新领域的增长机会进行持续的复盘思考。从宏观角度来说，任何一个企业的发展都是特定时代背景和需求下的产物；与时代发展同步、与时代需求同频，才能做到基业长青。

02　八个基本的聚焦维度

战略是集中的、聚焦的，但聚焦的维度是多种多样的。通常在思考战略聚焦时，至少有以下八个基本维度可参考。

客户聚焦：将战略聚焦于最容易接受产品的某一类或几类细分客户群，深刻理解他们的需求，集中资源向他们提供最好的服务，建立良好的客户关系。华为Mate系列聚焦高端商务人群，而OPPO、vivo则走青春时尚路线，主要聚焦年轻群体。一些创新药企业聚焦特定疾病人群研发新药物，通过聚焦和长期高强度投入，实现新药研发上的突破。很多广告、咨询公司等专注于为一个或少数几个特定行业的客户提供服务，有些主要为大企业客户服务，有些则专注于为中小企业客户服务。

品类聚焦：将战略聚焦于一个或少数几个品类深耕，超越对手、实现领先。格力聚焦空调，福耀聚焦汽车玻璃，海天味业聚焦调味品，海康威视聚焦安防，顺丰聚焦物流，李宁安踏聚焦运动鞋服，爱尔眼科聚焦眼科及眼部健康服务等，一批中国龙头企业都是如此发展起来的。而在一些小行业，战略聚焦是小行业大龙头们的共同特征。榨菜行业属于完全竞争型行业，准入门槛低，竞争非常激烈。但涪陵榨菜专注于榨菜，一门心思把榨菜做好，把从原料、加工到渠道、品牌做深做精，打造护城河，形成了绝对领先优势，拥有了行业定价权。涪陵榨菜市场占有率超过30%，公司市值一度超过400亿元，令人钦佩。

单品聚焦：在品类聚焦的基础上，进一步聚焦于几款甚至一款产品，并将其做到极致，打爆市场、做出爆品，实现破局增势，带动销售增长和品牌提升。比如，新锐国货品牌林清轩凭借山茶花系列产品打入外资品牌林立的高端护肤品市场，其主要切点就是成功打造了一个爆款单品——山茶花润肤油。爆品有其基本规律，总结爆品经验与模式，实施爆品战略不失为一个好选择。王老吉、六个核桃、劲酒、椰树椰汁等都是"单品聚焦做爆品"的典型代表。

地域聚焦：在某个时期，集中精力攻下某一个或某一类地域市场。比如，中国白酒市场竞争极为激烈，无论是茅台、五粮液、泸州老窖这些第一梯队酒企，还是洋河、汾酒这些第二梯队酒企，竞争力都非常强。古井贡酒早期一度与安徽省内的迎驾、口子窖等总体规模相差不大，但是古井贡酒聚焦安徽省内市场深耕，率先发力创新产品，拿下了安徽省内30%以上的市场份额，销售规模达到主要竞争对手的2倍，在安徽市场成为领跑者。后来，以此为基础，积极进攻全国市场。

环节聚焦：战略性聚焦最擅长、最有利的价值链环节，构建业务模式、塑造核心能力。耐克采用"轻资产运营模式"，将产品制造和零售分销业务外包，自己则聚焦产品开发与市场推广等环节。韦尔半导体聚焦集成电路的设计、开发和销售环节，中芯国际重点聚焦于集成电路的制造代工环节，华大九天则聚焦于EDA工具软件产品和服务，为设计、制造提供软件服务，致力于成为国产EDA软件的领导者。

场景聚焦：聚焦场景就是要专注一个或若干特定的应用场景，在这个场景中形成领先优势，让品牌和这个场景深度绑定。茅台聚焦高端商务场景，而江小白则聚焦年轻消费者青睐的休闲消费场景。虎邦辣酱聚焦外卖佐餐消费场景，实现在辣酱领域的逆袭。食品公司推出 A 产品聚焦于休闲场景，推出 B 产品聚焦于运动健身补充能量场景，这都是场景聚焦的做法。

聚焦性能：将产品聚焦于客户高度关注的某种重要性能。云南白药发挥自身优势，聚焦于创可贴和牙膏的"含药性"，解决了客户关切的止血愈伤功能。沃尔沃汽车将品牌的核心价值聚焦于"安全"之上，成为"安全汽车"的代名词。2022 年，沃尔沃汽车新任首席执行官兼总裁骆文襟（Jim Rowan）在电动汽车百人会论坛上阐述了沃尔沃汽车未来战略的五个明确目标。第一条就是，沃尔沃汽车会采用新型可持续材料，加速电气化转型，同时将更先进的安全技术融入其中。无论燃油车阶段，还是电动化时代，沃尔沃都将"安全"作为自己的战略焦点，突出差异化。

聚焦对手：一种是聚焦于竞争对手的反面，反其道而行之；另一种是紧密关联竞争对手，利用其行业地位、影响力大的心理认知。一个成功的品牌或者企业，一定是在某个（些）群体中建立了某个（些）方面的优势认知，从其优势方面中找出固有的不足、反面，就是后排竞争者应瞄准的最佳突破点。淘宝定位于平台型电商，优势是应有尽有，当中自然难免鱼龙混杂，产品质量参差不齐，难以管控；京东则聚焦到自营型电商，突出了品质领先、服务受控，形成差异化竞争定位。面对行业巨头海天，针对海天酱油里面含有谷氨酸钠这一点，千禾酱油将自己聚焦到健康零添加的角度，一举成功。面对全球乳业巨头的竞争，飞鹤奶粉强调专注为中国宝宝设计，一直专注于中国母乳的创新研究，开发更适合中国宝宝体质的高质量产品，突出"更适合"的优势。近几年，青花郎则是聚焦竞争对手的优势认知，强调自己是"中国两大酱香白酒之一"，与酱香白酒老大茅台形成了强关联，将自己抬高到了接近茅台的高端档次，也将茅台的高端认知转嫁到了青花郎身上。

企业往往从多个维度复合聚焦，找到精准的坐标定位。当然，仅有明确的聚焦点、差异化的定位，还不足以赢得竞争，甚至引来竞争者的仿效。围绕这种聚焦和定位，通过创新、专注和持续的努力，建立起运营活动的竞争差异性，形成在聚焦领域的竞争优势，是至关重要的。

从长期来看，聚焦特定领域逐步实现在聚焦领域领先的过程中，企业经过多年努力，往往在某些方面的竞争优势不断积累和扩大，形成短期内其他人难以企及的竞争壁垒，构成企业的核心能力。而这些核心能力的复制，则可能成为企业未来在相关业务领域的延伸开拓、打造第二曲线的战略性支点。

03　单点聚焦与垂直聚焦

聚焦战略通常有两种典型形式：一个是单点聚焦，聚焦于一个很小的点上，比如特定的客群、场景或产品，极致细分；另一个是垂直聚焦，通过产业链垂直一体化布局，增强在聚焦领域的领先优势。

单点聚焦

无论是所谓的新兴产业还是传统产业，产品不论大小如何、价值高低，但凡做到极致，都会拥有一片天地，可以成就"隐形冠军"。

【双童：小吸管的巨人】

吸管是一个门槛极低、利润极低的小商品。一根吸管平均售价不足一毛钱，纯利润约为 0.0008 元，一个几乎可以忽略不计的数字。可就有这么一家企业，25 年来只做吸管，做到年产吸管 7000 多吨，产值近 4 亿元，成为全球吸管行业领军者。这就是义乌双童。

1994 年，楼仲平租下两间民房，买了机器，办起了塑料吸管家庭式作坊。到 20 世纪 90 年代末，楼仲平的家庭作坊已成为国内较大的塑料吸管生产厂之一。随着义乌市场逐渐走出国门，来自国外的吸管订单也越来越多。在发展中，楼仲平逐渐形成了质量意识、品牌意识、产权意识和创新意识，公司不仅培育了"双童"吸管品牌，更在研发上持续下功夫。

"为什么一根吸管只能卖这个价？为什么吸管一定是塑料的？为什么吸管一定要一次性的？为什么吸管只能用来喝饮料？"这是楼仲平经常思考的"哲学"问题。他带领团队不断在功能和外观上对吸管进行创新，陆续推出了动物造型的卡通吸管、内嵌风轮会不停旋转的风车吸管、生肖吸管、帮助老人和病人吸饮时不会回流的省力吸管、小鸟吸管、party 吸管、可降解吸管等各种类型的吸管产品。2020 年底，"最严限塑令"发布，在很多同行面临生死困境的时候，双童提前研发储备的可降解吸管订单爆发式增长。一批企业倒掉，但双童遇到了从未有过的发展良机。

与此同时，公司在十几年时间中，从行业标准到国家标准再到 ISO 国际标准，几乎包揽了吸管行业所有规则制定，掌握了吸管领域全球 70% 的知识产权，牢牢把握了全球吸管行业的话语权和中高端产品定价权。

在吸管这个小商品上单点深度聚焦，凭借持续的专注和创新，双童吸管成长为小吸管领域的大巨人，成为全球吸管行业的绝对领导者。

垂直聚焦

聚焦不是只能做一件事，而是一切只为做好一件事。有的企业为了降低成本、保障供应链、增强主业的竞争优势而采取垂直一体化战略，将所聚焦的主业做得更大更强。福耀玻璃就是垂直聚焦的典型代表。

【福耀：聚焦玻璃】

从一个水表玻璃厂逐步转型为汽车玻璃厂的福耀，上市之后，先后涉足过装修公司、加油站、配件公司、房地产等领域。一个典型故事是"福耀工业村"开发项目。根据开发计划，在福耀公司附近征地 800 亩，兴建标准厂房、商店、住宅楼，形成高质量的汽车配件城。但计划赶不上变化，因为进度、质量、投入等多方面原因，工业村项目陷入停滞，挤占了大量资金。福耀在 1996 年将地产资产从福耀工业村剥离，并转让加油站，关停装修公司。经过早期多元化失利的这番教训，此后不管是房地产多暴利，互联网、金融投资等多赚钱，福耀始终坚持不为所动，一心只做一片玻璃。

2000 年，福耀长春成立，跨出建立全国生产基地的第一步；

2005 年起，自建浮法玻璃生产线，抓住汽车玻璃上游，目的是降低产业链成本、减少物流费用；2005 年，开始配套德国奥迪；2006—2008 年，在德国、日本、美国成立子公司，积极拓展海外市场，取得宝马、奔驰等公司国际配套业务，增强了国际影响力；2013 年，俄罗斯工厂投产；2016 年，美国工厂投产；2018 年，欧洲新工厂正式投产，福耀加速了全球化扩张。福耀集团已在中国16 个省市以及美国、俄罗斯、德国、日本、韩国等 11 个国家和地区建立生产基地和商务机构，并在中、美、德设立 6 个设计中心。2019 年 2 月，福耀收购了德国 SAM 铝饰资产，立足深厚的客户资源优势和集成化服务需求，进一步在汽车饰件领域探索布局。

福耀聚焦汽车玻璃这一业务领域，不断细分需求，加强技术研发，扩展产品组合，提高聚焦的深度，推出了半钢化夹层玻璃、可加热玻璃、防红外线玻璃、防紫外线玻璃、智能全景天幕玻璃、可调光玻璃、镀膜玻璃、抬头显示玻璃、轻量化玻璃等各种性能的产品及汽车玻璃解决方案。2017 年以来，研发费用率一直保持在 4%以上，而其主要竞争对手旭硝子的研发费用率基本保持在 2% 左右。得益于重视研发投入，高附加值产品的贡献越来越大；得益于战略性聚焦，在规模化、垂直一体化等方面积累了突出优势，构筑了强大的护城河。据悉，2021 年，福耀玻璃在国内汽车玻璃市场占有率达 70%，全球市场占有率超 30%，排名第一，全年营收首次超越旭硝子成为全球第一大汽车玻璃厂商，行业地位不断提高。

福耀以"做好一片玻璃，当好汽车工业配角"为使命，专注于汽车玻璃，顺势布局产业上游，经过 30 年持续奋斗、学习和创新，从一个不起眼的小厂，一步步成长为汽车玻璃领域的中国第一、全球第一，成为中国汽车零部件全球化发展的杰出代表。

关于集中或聚焦的思考

	你的企业或业务，应当如何更好地实现聚焦？	
	聚焦于什么具体维度？	弱化或放弃什么？
目标聚焦		
	目前重点资源配置在哪？	如何调整？
兵力聚焦		

第三节 ● 任势胜：求之于势，不责于人

　　湍急的流水，之所以能漂走石头，是因为巨大的冲击势能；猛禽搏击鸟雀，可一举致死，是因为靠近猎物，缩短了攻击距离，节奏短促、迅猛有力。所以，善于指挥作战的人，他所造成的态势是险峻的，进攻的节奏是短促有力的。"势险"，就如同满弓待发的弩那样蓄势；"节短"，就如搏动弩机那样迅速而突然。

　　善于指挥作战的人，总是塑造有利的战略态势，而不苛求自己的部属，能够将使用自身的人才和团队与利用有利的战略态势进行结合。

　　善于塑造有利战略态势的将帅，指挥队伍作战，就像滚动木头和石头一样。木头、石头，放在平坦安稳的地方就静止不动，放在陡峭险峻的斜坡上就会滚动，方的容易静止，圆的容易滚动。

　　所以，善于指挥作战的人塑造的有利态势，就像圆石从极高极陡的山上滚下来一样，来势凶猛，这就是所谓的"势"。

《孙子兵法》原文

激水之疾，至于漂石者，势也；鸷鸟之疾，至于毁折者，节也。是故善战者，其势险，其节短。势如彍弩，节如发机。

——《孙子兵法·势篇》

故善战者，求之于势，不责于人，故能择人而任势。任势者，其战人也，如转木石。木石之性，安则静，危则动，方则止，圆则行。故善战人之势，如转圆石于千仞之山者，势也。

——《孙子兵法·势篇》

商业战略解读

察势者智，驭势者胜。正常来说，石沉水底，但激流造就水势后，巨石亦可被水流卷起、冲走，这种不可阻挡的能量，就是"势"。

"势"是一种客观存在，展现了事物发展的形势、态势、趋势。面对复杂多变的商业环境，企业谋划发展战略、寻求持续增长，离不开对"势"的认知与谋划。善于积势、蓄势、谋势，既要全面把握不同维度的"势"，也要准确把握"势"发展的不同阶段，主动作为，下好先手棋，占据主动权，借"势"来增强和放大竞争优势，为追求"不战而屈人之兵"的全胜境界提供有利条件。

"任势胜"的战略原则，在企业战略管理中，有四种基本谋势布局维度：

一是把握产业风口之势，驭风而行。洞察产业变革趋势，把握市场需求巨大、高速增长态势初见端倪的行业机会。行业趋势力量是战略成功的重要助推器。比如2010年左右的智能手机行业，以及当下的风光新能源行业、新能源汽车行业、人工智能等。

二是塑造更有竞争力的供应链之势。随着专业化分工越来越细，企业越来越依赖外部的供应商资源。核心供应商的成本、质量、响应效率等表现，将直接影响企业的最终竞争力；而供应链任何一个环节的波动，都可能带来供应链安全问题，供应链已是企业的生命线。

三是谋求更有利的生态圈、生态位之势。产业关联度、融合度越来越高，产业界限越来越模糊，企业之间的竞争已经逐渐演变成产业生态之间的竞争。企业无论大小，都需要建立或融入适合自身发展的企业生态，明确自身的生态位，谋求更大的外部协同效应，以增强企业整体竞争优势。建立广泛的统一战线，谋求更多的支持力量、同盟力量。

四是构建企业的品牌势能。品牌势能，是一种基于品牌塑造而产生的品牌能量，可以引发消费者的内心共鸣，产生品牌体验的优越感，对消费者的心理和行为可以产生巨大影响，有助于增强企业对市场的掌控力。

01　把握产业风口之势，驭风而行

"激水之疾，至于漂石者，势也。"湍急激越的水流之所以能将石头轻易地推动，就是因为水流形成了势能。

雷军说，"站在风口上，猪都可以飞起来"，其道理是一样的。在当时，这个风口主要就是指移动互联网产业大爆发的风口。从信息、通信、社交、娱乐，到购物、出行、生活消费；从移动办公到数字化营销、C2M……中国一大批优秀互联网公司和现在广泛使用的互联网产品都是这个风口下的产物。

见势明势，才能驭势。企业在战略管理中，加强对外部经济社会发展环境、行业发展环境的跟踪监测、分析洞察，及时发现战略机会点、预警战略性威胁，这是战略部门最重要的日常工作之一。这里的趋势，既包括 10 年、20 年甚至更长大周期级别的行业发展趋势，如电商的兴起、移动支付的普及、短视频的流行、新能源汽车的崛起等；也包括 1 年、2 年级别的市场变化趋势，如电商企业利用平台数据进行市场洞察，通过对一段时间内上升子类目、下降子类目、新增子类目的分析，对客户搜索关键词的研究、销量变化分析等，来洞察消费需求和产品上新的趋势，及时调整产品布局和营销策略，捕捉增长机会。

当前新技术革命和新产业革命快速演进中，众多新兴行业面临广阔的发展机遇。风光新能源、新能源汽车、机器人等行业已进入产业爆发期，无人驾驶、虚拟现实设备、新材料等产业领域正在加速突破。这些领域的布局，必将获得产业风口之势。但在这些新领域，技术门槛更高了、商业不确定性更大了，可借鉴的成熟经验更少了，企业战略决策的难度更大了。

02 打造更有竞争力的供应链之势

迈克尔·波特在其竞争战略理论中，分析了产业链上下游之间的博弈和竞争关系，突出了产业链内部的竞争。但我们要强调的是，虽然产业链内部存在一定程度的竞争，但在当今时代背景下，企业之间的竞争已经远远超出单个企业之间的竞争，实际上已经进入产业链、供应链竞争的新时代。在一些新兴行业或新兴市场中，由于产业链不健全或不成熟，企业战略目标难以实现。而对另一些企业来说，虽然所处产业的产业链比较成熟，但是其自身所构建的供应链综合能力不足，导致面临产品质量、生产成本、响应时效等问题，最终在市场竞争中处于被动局面。

供应链竞争力，实际上就是企业联合其供应商、分销商和零售商等上下游各方合作伙伴，在市场竞争中对满足客户需求所表现出来的综合能力，主要体现在沟通协作效率、生产成本、产品品质、市场响应效率等方面。如果企业与其竞争对手相比，能更好地构建并管理供应链，在生产成本更低、产品质量更高、响应效率更快等方面做到综合领先，那么企业必然在激烈的战略竞争中占据优势地位，赢得主动权。

供应链优势是一种系统性优势，谋取供应链优势是企业战略布局的重要内容，具有战略性意义。我们知道，苹果公司是一家追求极致的公司，它对产品品质、成本控制、响应效率的要求极高，这就对它的供应链管理提出了很高的要求。苹果公司直接供应商达上百家，还有数百家二三级供应商。苹果iPhone用着来自韩国三星的屏幕、韩国LG的镜头、日本索尼的CMOS图像传感器、意法半导体和德州仪器的电源管理芯片、高通的5G基带、博通的蓝牙芯片或组模、荷兰恩智浦的驱动IC，依赖富士康、和硕、立讯精密等组装……

苹果公司的策略包括但不限于：

● 设置严格的入围标准，挑选实力强且合作意愿强的合作伙伴；

● 前期设备投资绑定，苹果公司往往为厂商提供从设备、系统到软件的投资支持，厂商前期投入风险小、吸引力大，但逐渐成为苹果公司的"独家供应商"，专门为苹果公司开发新的工艺和技术，越来越离不开苹果公司；

● 能力深度嵌入，通过向重要供应商大规模派驻技术工程师，进入工厂进行嵌入式的监督和协调，协助解决生产问题、提高效率，而且深入了解其供应商的供应商，提高供应链的能见度，以尽量减少有缺陷的产品和知识产权盗窃的风险及控制成本；

● 增强议价主动，同一种产品要有不止一家供应商，增加竞争压力，并要求厂商提供成本结构，改善议价能力，增强对供应商的控制力；

● 数字化提升效率，苹果的供应链伙伴需要使用苹果制定的ERP软件，通过软件系统、监控系统可以随时了解合作方情况，通过信息化手段准确预测市场需求；

● 加强供应商的考核，对供应商进行打分、排名，通过减少订单、取消供应商资格等方式对排名靠后的厂商进行强管控；

● 采用直销方式，降低库存成本，提高供应效率。

总之，苹果公司通过在多维度、多环节的策略措施，构建起了强大的供应链体系，并且对供应链形成了极强的控制力，从而确保了其卓越的产品力和市场响应力。相对于其他同行竞争对手，它就塑造了更有竞争力的供应链之势。

由于新冠疫情的扰动和地缘政治的博弈冲突，近几年，国内外不少行业面临供应链波动的情况，甚至存在供应链中断的风险，缺料、缺芯、缺工、缺船、断供等，让我们对供应链安全的重视程度上升到了战略高度。在当下高度不确定的商业环境中，企业要从战略层面思考：极端情况下，自己的供应链是否有安全保障？如何增强供应链安全性？过去一直坚持的供应链管理理念是否需要调整？比如，过去企业以零库存为骄傲，做到零库存是运营水平高的表现；而面对突发情况，企业可能马上就要面临停产、退出市场等风险。企业经营"求之于势"，谋求供应链整体竞争优势是企业必谋之势。

03 努力塑造有利的生态位之势

商业环境日趋复杂，越来越多的企业已经超越产业链、供应链的战略布局，站在更高的商业生态层面开展战略布局，构建更加广泛的战略联盟。商业生态逐渐成为企业竞争优势的重要来源。

通过布局商业生态体系，网络生态中核心企业的业务复杂多元、产业渗透力极强，已很难用传统的行业属性来界定。由于专业分工、影响力、价值分布等方面的不同，企业总是尽力谋求在生态中更有利的位置。

腾讯、阿里、华为、比亚迪、小米等这些大企业，都已打造起自己庞大的生态体系，并成为生态中的核心企业。中小企业也应思考自己如何构建或融入对自己有利的产业生态圈，并在其中借势借力，占据并塑造一个有利的、不可替代的生态位。

在生态圈战略布局中，与"供应链"的布局有很多不同之处，包括：

一是需要处理好与竞争对手的关系，从纯粹的竞争走向良性的竞合，共同维护好健康可持续的发展环境。无止境的低水平、高烈度的内卷竞争对任何一方都不利，而突破低水平竞争的办法是加强差异化创新、战略合作联盟，共同做大市场。如比亚迪与长安汽车成立动力电池合资公司，开发的电池不仅搭载到长安体系车型上，在满足长安体系供货后也可向第三方销售。不仅如此，比亚迪还成为丰田的动力电池供应商，并与丰田进行技术合作，共同开发纯电车型和动力电池。

二是与用户的关系，从传统的交易关系、交换关系，逐步向共创关系方向升级，用户更加广泛深入地参与到产品设计、品牌塑造、营销、销售及客户服务等环节中来。我们从海尔、蔚来、小米、Bilibili等企业的实践中已经看到这一点。

三是需要处理好与平行网络、共生环境中其他企业的关系，通过建立战略合作联盟、股权关系纽带，打造以我为主的"航母舰队"。

【小米："手机X AIoT"生态战略】

小米从智能手机出发，延展到智能穿戴、智能家居等广阔领域，实施"手机X AIoT"战略。小米通过"投资＋孵化"方式，重点聚焦物联网智能硬件领域，成功培育了一批生态链企业，快速搭建出小米商业生态圈。生态链企业负责产品研发、生产和交付等工作，小米则利用其自身优势，为生态链公司提供研发协助、销售平台、售后服务和共享供应链资源等全方位支持，实现共同发展。从充电宝、耳机等手机周边，到插线板、智能灯具、扫地机器人、空气净化器等家用硬件，众多产品以"小米"或"米家"品牌进入市场。在小米生态链上，诞生过一个又一个百万、千万级别的爆款产品，有专长优势的小企业、新团队得以快速成长，甚至跑出了像华米、石头、九号、云米等多家上市公司。小米通过"以我为主"的生态链布局，将原本可能面临竞争关系的企业转化成了同盟军，以小米为中心画出更大"同心圆"，促进了小米自身产品和销售的快速增长、标准的输出、影响力的扩散，有助于其"手机 X AIoT"长期战略的实现；而中小企业通过融入小米生态链，借力借势，实现快速发展。

【比亚迪：智能汽车生态战略】

2018年9月，比亚迪举办全球首次汽车开发者大会，宣布开放汽车所有的341个传感器和66项控制权的车企，与全球创业者、创新者和开发者共同加速打造汽车智能生态。如今，比亚迪汽车生态伙伴包括百度、360、华为、滴滴等众多知名企业和开发者，汽车智能生态应用数百万个，智能汽车生态建设初见成果。

四是需要处理好与政府、协会、媒体、公众等方面的关系，坚持合规守法、担当社会责任，为企业谋求道义上、长远上的有利态势。尤其现在自媒体、社交媒体高度发达，传播速度极快，社会影响力极大，一旦失误，影响巨大，甚至难以挽回。当然，也有企业因得到媒体、公众的高度认可而获得全社会打call。

新冠疫情之下，2021年，鸿星尔克在企业自身经营面临一定困难的情况下，通过郑州慈善总会、壹基金紧急捐赠5000万元物资，驰援河南洪水灾区。对于鸿星尔克这一善举，全国网民和社交媒体给予高度评价。"鸿星尔克的微博评论好心酸"相关话题登上微博热搜第一，有网友在该条微博下留言表示，"从别的热门微博才得知此事，公司低调得令人着急"，点赞数最高的一条评论为"感觉你要倒闭了还捐了这么多"。随后，广大网民以实际行动支持鸿星尔克，掀起"野性消费"。企业"因善"而被公众认知，在网上"暴力"出圈。当然，鸿星尔克的故事具有一定偶然性，但它却为我们在与公众和媒体的生态关系构建上带来启发。

企业通过适合自己的模式，开展生态圈战略布局，主动塑造良好的产业生态圈，并在当中谋取有利的生态地位，打造出有利的战略态势。单打独斗的方式，在当下商业环境中已经越来越不具备取胜条件。

04 注重构建企业品牌势能

在物理学上，势能是状态量，又称位能，势能可以转化为动能。谋求势能的价值，是孙子在它的兵法中非常推崇的一种战略思想。

企业应集成理念精神、产品服务、核心技术等多维度、高密度能量，充实品牌内涵价值，提升品牌高度，提高品牌的认知度、权威感、感召力。当一个品牌的站位足够高，成为一个品类、一个地域、一种文化、一种生活或一个时代的代表时，其品牌势能就极其强大，就能达到所谓的"如转圆石于千仞之山"的势能效果，让消费者无法抗拒、让竞争者难以抵抗。

茅台之于白酒、王老吉之于凉茶、格力之于空调、海尔之于冰箱等，就是通过塑造成为一个品类的代表、占据品类制高点，来谋求品牌势能，获得在市场竞争中的主动权。西湖龙井、黄山毛峰等一些茶叶品牌，就是利用原产地地域品牌优势，形成一种品牌势能。同仁堂是中医药文化传承的名片，同仁堂因此拥有了文化势能；星巴克代表一种生活方式，星巴克因此产生了一种品牌势能；淘宝是中国进入电商时代的第一张名片，抖音是短视频时代的第一张名片，比亚迪是中国进入电动汽车时代的第一张名片，它们都拥有强大的时代势能。

优秀的企业，善于通过塑造独特的品牌势能，帮助企业在激烈的市场竞争中构建起有利的战略态势，掌握竞争主动权。

第四节 ● 先为不可胜：不可胜在己，可胜在敌

善于指挥作战的人，总是首先创造自己不可战胜的条件，做到不会被敌人战胜，然后等待机会战胜敌人。

不被敌人战胜的主动权掌握在自己手中，能否战胜敌人则在于敌人是否给可乘之机。

善于指挥作战的人，能够做到自己不被敌人战胜，而不能保证一定能战胜敌人。所以说，胜利可以预见，却不能强求。

善于指挥作战的人，先周密准备，使自己处于不能被战胜的境地，同时在战机出现时，也绝不会放过任何可以击败敌人的机会。所以，打胜仗的部队总是在具备了必胜的条件之后才交战，然后在战争过程中企图侥幸取胜。

用兵法则是：不要侥幸指望敌人不来侵犯，而要依靠自己应付敌人侵犯的充分准备；不要侥幸指望敌人不来进攻我，而要依靠自己有着使敌人不敢进攻我的强大实力。

《孙子兵法》原文

昔之善战者，先为不可胜，以待敌之可胜。不可胜在己，可胜在敌。故善战者，能为不可胜，不能使敌之必可胜。故曰：胜可知，而不可为。

——《孙子兵法·军形篇》

故善战者，立于不败之地，而不失敌之败也。是故胜兵先胜而后求战，败兵先战而后求其胜。

——《孙子兵法·军形篇》

故用兵之法，无恃其不来，恃吾有以待之；无恃其不攻，恃吾有所不可攻也。

——《孙子兵法·九变篇》

商业战略解读

这段"先为不可胜，以待敌之可胜"的战略思想，体现在企业战略管理中，有以下四点启示。

第一，企业无论什么时候，第一位的目标都是生存、活下来，不被客户抛弃、不被竞争对手击垮、不被外部环境变化窒息。在外部环境风险上升期，不盲目激进、冒进，以保存实力为主，为克服困难做好充分准备。"无恃其不来，恃吾有以待之"，"恃"即依靠的意思，不要寄希望于外部，应依靠自己的准备。

第二，争取活得好一点，钱袋子宽裕一点，这样可以有更好的资源条件去做战略布局，打磨产品服务、培育核心能力，增加自己未来的胜算，为可能出现的机会做好充分准备。

第三，"无恃其不攻，恃吾有所不可攻"，不要犯重大错误，从而给竞争对手制造机会，让对手抓住"待敌之可胜"的机会。

第四，待敌之可胜，不仅是等待竞争对手给予的机会，更是等待行业和市场发展变化带来的战略机会。当机会出现时，必须牢牢抓住，不错过时间窗口。不打则已，打则必胜，也即充分准备"先胜而后战"。

典型的战略机会类型有以下几种。

一是在产业技术或政策等因素驱动下，行业发展到某个临界点，出现爆发式机会。如在 3G 网络普及、上网资费下降、智能终端体验突破、软件应用日益丰富等多重因素共振下，2010 年左右，全球智能手机市场开始爆发，带来智能手机业务发展的战略性机会；在技术趋于成熟、双碳政策导向、新势力市场带动等多重因素驱动下，2020年左右，中国新能源汽车市场开始爆发，带来电动汽车业务发展的战略性机会。

二是人口结构、家庭结构等社会环境变化带来的机会。如加速进入老龄化社会，在健康服务、养老服务等围绕老年人吃、喝、玩、乐、医等方面的需求将逐步释放。

三是消费者的消费能力、消费观念或消费模式的变化带来的市场机会。如外卖消费在年轻群体中的流行，国潮消费与国产品牌的崛起，露营消费热潮等。

四是主要竞争对手陷入困境或退出，导致市场份额让出的机会。

如滴滴的 App 曾经从各大应用商城下架，导致在网约车新增客户市场中出现机会；华为曾经遭遇芯片断供危机，华为在智能手机市场"撤退"，给其主要竞争对手苹果、小米等带来份额提升机会。

五是特殊事件触发的商业机会。如 2020 年新冠疫情暴发后，病毒防护、病毒检测、治疗等方面的需求也随之爆发。

01 先为不可胜，活下去

任正非在 20 年前就讲过："华为的最低纲领是活下来，最高纲领还是活下来。"他说华为的最低与最高纲领都是"活下来"，这不仅是他对华为管理的切身体验，也是在剧烈变化的商业环境中大多数企业都应遵循的一般性原则。

2018 年，中国房地产市场投资还是相当火热的。万科却在那一年喊出"活下去"的口号。彼时意识到接下来要努力活下去的房企和投资者却不多，日子好着呢。而 4 年后，一大批房企都面临着能不能活下去、怎么样活下去的问题。

马云说："阿里巴巴的目标是要活 102 年。"做百年企业，实现基业长青，几乎是每个组织都向往的伟大梦想。但大多数企业在发展过程中，危机四伏与挑战重重才是每天面对的现实。《财富》杂志的研究显示：美国中小企业平均寿命不到 7 年，大企业寿命不到 40 年。在中国，中小企业的平均寿命只有 2.5 年，集团企业的平均寿命只有 7 ～ 8 年。可见，"活下来"是首要的任务、最大的挑战。唯有活下来了，不输出局，才有可能去实现组织的崇高使命和远大目标。

活下去，是一种忧患意识，也是一种应对困难环境的选择。当天气开始变化，遇到风高浪急的海况，航船就不能延续风平浪静、万里晴空时候的放松状态，而要启动防风险模式。百年未有之大变局下，全球商业大环境的剧变重塑已经开启。面对商业环境中的众多不确定性，无论是大企业还是小企业，都应牢记"先为不可胜"的战略原则，稳住阵脚，夯实基础，保存自己，稳中求胜。

面对张士诚、陈友谅等纷纷称王称帝，当时朱元璋力量还不够强大，谋士朱升向朱元璋建议采取"高筑墙、广积粮、缓称王"的基本战略；20 世纪 60 年代末到 70 年代初，面对复杂的国际形势，特别是美苏核威胁时，毛泽东发出"深挖洞、广积粮、不称霸"的号召。

我们将这两者综合起来，便是企业在面对复杂动荡、风险上升的商业环境时，或在自身力量还不足够强大的情况下，应当坚持的基本战略原则——"先为不可胜"原则："深挖洞、广积粮、高筑墙、缓称王"，先让自己立于不败之地。

深挖洞

一是聚焦有需求的、高价值的重点客户，维系好老客户、忠实客户，保重客、保收入、保现金流。

二是深入研究市场细分，洞察新客户、新需求，精准高效创造增量。

广积粮

一是加强回款管理，严控赊销账务，提高周转效率，减少不必要的投资行为，确保"钱在手"，降低财务风险。

二是退出亏损业务、剥离可变现的非核心资产、利用股权融资，利用一切可能的方式，储备充足的粮草，以备不时之需。

三是全方位的成本优化，改善投入产出比，降本也是增效。若能在品质相当的情况下，做到总成本领先于对手，在激烈竞争中无疑是多了一张制胜王牌。

高筑墙

一是深耕细作，提高运营效率；围绕客户价值提供能力、客户响应能力，在产品、服务、技术、成本、组织能力等方面加强积累，增强自身竞争优势；环境好转、机会出现时，能不能抓住机会、能抓住多少机会，关键还是看企业在行业成功关键要素上比其他人强多少。

二是加强与供应链上下游各方的战略合作，提高供应链合作深度，上游供货不断、下游出货不停，业务流循环就不会"梗阻"，企业经营安全就多了一道"防火墙"。

缓称王

等待环境好转，等待时机出现，在机会出现的领域，集中资源，全力出击。

如果竞争对手非常强大，己方资源少、能力弱，力量相差悬殊，那么企业就需要构建相对长期的赶超战略，厚积薄发，跟强敌打持久战。但在持久战中，积极寻找竞争对手相对薄弱的细分市场，抓住细分市场、局部业务的有利时机打速决战，取得局部的速胜，小步快跑、积小胜为大胜，逐步扩大胜利面。

1938 年 5 月 26 日—6 月 3 日，毛泽东在延安抗日战争研究会上发表演讲，系统论述了著名的"论持久战"思想，成为中国抗日战争的基本方略。持久战理论，就是在外部环境非常困难和自身力量非常弱小的时期，基于敌我双方客观分析和对革命大势的判断，在对战争规律和影响战争进程的关键要素深度把握的基础上提出的一套指导战略。

毛泽东指出，"在敌强我弱的局面下，抗日战争的战略路径要经过战略防御、战略相持、战略反攻三个阶段"。经过长期的政治、经济、外交、军事等多方面的努力，不断增强我方力量，随着力量的此消彼长，最后迎来反攻阶段。毛泽东还提出了抗日战争的战略方针："中国军队要胜利，必须在广阔的战场上进行高度的运动战，迅速地前进和迅速地后退，迅速地集中和迅速地分散。这就是大规模的运动战，而不是深沟高垒、层层设防、专靠防御工事的阵地战。"这就是持久战中的速决战思想。企业面临强大竞争对手时，其战略逻辑是相似的。

02　培育核心能力，练内功

虽然行业选择很重要，但实际上大行业里有很多做得不好的公司，而小行业中也有做得非常棒的公司。企业之间的差异，不仅来自定位的差异，更来自核心能力的差异。

企业能力项很多，但可称为核心能力的却不多。核心能力具有区别于普通能力的三大基本特征。

一是高价值。能为客户带来关键利益，能为企业创造较长时期的竞争优势，为企业创造超过同行业平均利润水平的超额利润。

二是可延展。核心能力具有较长的"能力半径"，它可以帮助企业衍生出一系列新产品、新服务，支持企业扩展到相关新的业务领域。

三是独特且不易被模仿。是企业长期努力和积累形成的，不是行业内普遍存在的，与竞争对手相比，具有明显的独特性，且短期内竞争对手无法模仿或掌握。

企业的核心能力不是一成不变的，在不同阶段、不同环境、不同战略导向下不尽相同。比如，化妆品等一些消费品企业，早期靠渠道运营，中期看产品能力，到后期拼的则是品牌和供应链。

确定企业的核心能力，不能凭高层管理者的直觉，而要对照上述三条基本标准去深入分析和仔细筛选。有计划地建设自己的核心能力，不断增强竞争优势及竞争优势的持续性，是企业要向内求的。企业构建核心能力可分四步推进。

第一步：解析战略，识别核心能力。

在战略分析过程中，一项重要工作就是识别行业成功的关键因素。比如家装行业中，工程项目管理、售后服务是行业成功的关键因素；连锁零售行业中，渠道覆盖、货源供应、单店盈利等是行业成功的关键因素。企业核心能力建设，要能够有助于企业在关键成功因素上形成领先优势。

行业成功的关键因素，对行业内各个企业是共通的。而战略是公司自己的，好的战略是差异化的，这种差异的一个重要体现就是如何在行业成功关键因素上获得差异化优势。公司战略或业务单元战略制定出来之后，会对重点能力方面提出要求。深入解读战略要求，是确定核心能力的重要来源。

面对云计算产业发展机会，国内外一些电信运营商纷纷实施"云战略"。"云战略"的实施，需要依托既有资源和能力，更需要新的核心能力来支撑，如面向云计算服务的网络资源能力、IT 自主研发能力、服务提供能力、生态汇聚能力等，就成为运营商面向云服务应重点建设的核心能力方向。

第二步：细化分解，解构核心能力。

对每一项核心能力进行解构，分解得越具体、锁定得越精准，则越有效。在此基础上，锁定少数具体的细分能力项，作为核心能力建设的焦点，构建差异化领先优势。宽泛的能力很难成为核心能力，而细分的、具体的能力项更容易打造出针尖效应。

比如，网络资源能力需要进一步分解成基础网络能力、基础设施能力、网络与基础设施资源融合能力等方面去具体定义。而基础网络能力领先就必须在速率、覆盖、低延时等关键指标方面做到领先，在客户感知上具备领先优势，由此再进一步分解出能力建设的具体任务。

明确描述定义、能力建设的关键措施或任务分解、能力建设路线图、关键计划节点、关键衡量指标或目标、责任部门等，并将这些内容汇集到一张核心能力建设计划表中，成为推进指南。

核心能力的建设，最终应反映在对价值创造的贡献上。因此，在关键衡量指标中，除了能力本身衡量指标，还应评估对四个关键指标的贡献：价格、成本、销量、创新，即：

- 是否有助于提高定价，从而获取更多利润？
- 是否有助于降低成本，从而获得更多利润和更强的竞争力？
- 是否有助于扩大销量、提高市场份额，从而获得总收益的增加？
- 是否有助于新业务、新模式的孵化创新，培育第二曲线？

第三步：人才驱动，揭榜挂帅攻关。

人才资源是企业核心能力的根本来源。人才配置是企业核心能力建设的关键支点。推进核心能力建设，首先，要选好领军人才；其次，要搭建好核心骨干团队，并以平战结合、虚拟团队的形式组织起来。

核心能力是干出来的，不是说出来的。因此，要鼓励真干实干、干出结果。围绕能力建设目标和重点建设任务，建立相应的考核激励政策，激发人才创造性，将责任落实到位，实现攻关突破。

核心能力不是某一个人的能力，而是沉淀到团队和组织中的集体能力、系统性能力。因此，常态化开展组织学习和组织经验沉淀工作，将好的经验做法，沉淀到流程标准中、固化到IT系统中、融入组织文化中，累积成难以模仿的系统性能力。

第四步：定期检视，持续督导推动。

核心能力建设的过程，就是相关重点工作推进落实的过程，就是不断取得进展和成果的过程。从过程管理的角度来看，相关部门应在月度、季度、半年度和年度经营管理工作会议上汇报重点工作进展；监测核心能力指标表现的变化，评估和督促重点工作或项目推进的进展，及时发现和协调解决当中遇到的问题等，则是过程管理的重要任务。

核心能力的构建是一个久久为功的持续过程。核心能力一旦形成，在享受竞争优势的同时，也面临着路径依赖的负面影响，沉迷于过往的成功经验，而忽视环境变化，终将导致原先的竞争优势衰减消失。因此，战略复盘与核心能力重新审视，是十分有必要的。企业的核心能力是需要不断迭代和重建的。

03　以待敌之可胜，等机会

在企业经营中，"以待敌之可胜"就是把握战机，并基于充分的准备取得未战而先胜的优势局面，从而表现为"出招必胜"的常胜结果。

第一，在外部条件不成熟或趋于严峻的时候，应理性设定目标，保持战略忍耐，拒绝战略冒进，等待合适的时机出现再大规模出击。

【Y游戏公司：时机未审，战略冒进】

Y公司是一家集研发、运营、渠道为一体的游戏公司。公司认为，内容是最核心的价值，未来的话语权掌握在游戏创造者手中。因此，公司除了加强对开发者平台的大力建设，还高度重视自研游戏，双管齐下驱动了公司快速增长，成绩显著。2017—2019年，公司实现营业收入13.4亿元、18.9亿元和28.4亿元，净利润分别为1.2亿元、3.5亿元和5.1亿元。然而到2020年，公司实现营业收入28.5亿元，净利润不足0.6亿元；2021年营业收入同比负增长，仅27亿元，巨亏超9亿元。

短短两三年时间，公司基本面出现巨大变化。其背后关键原因，就是公司误判了形势，在环境发生重大变化时，仍然战略冒进。

近年来，政府不断加强对网络游戏行业的治理力度。2018年，游戏版号出现过近8个月的停摆，游戏行业遭受巨大冲击。2018年12月后，游戏版号虽重新开始发放，但发放数量逐年递减。据统计，与2020年发放1405个游戏版号相比，2021的版号总量仅为768个，近乎"腰斩"。2021年6月1日，修订后的《未成年人保护法》实施，以立法形式规定实名认证是未成年人进入游戏的必要前提。2021年7月开始，游戏版号再次停止发放。

在这样严峻的行业政策背景下，公司仍坚持冒进的发展战略，在自研游戏上不断加码下"重注"。2019 年，研发费用较前一年增长 60.6%；2020 年，研发费用达到 6.6 亿元，同比增长 107%，研发人员从 806 人扩充到 1355 人；2021 年，研发人员数量进一步增加到 1635 人，研发费用较 2020 年再增长 88.9%，超 12 亿元，研发费用率高达 46%。然而，被寄予厚望的自研游戏上线之后，并未达到预期。Y 公司在巨大的研发投入、老游戏的衰退和自研新游戏的表现不佳等多方面的综合作用下，快速陷入战略被动局面。

可见，忽视行业环境变化，在外部机会不成熟的时候，高估自己的能力、低估市场的风险，而采取激进、冒进战略，不仅会浪费资源，还可能置企业于危险境地。

第二，当市场机会来临要果断抓住，包括主要竞争对手发生某些重大变动带来的机会。

能否抓住机会、能抓住多少机会，主要看企业竞争响应的速度、平常内功修炼程度、核心能力是否突出及综合竞争优势强弱。

【华为手机：市场撤退，予人机会】

2020 年 9 月，华为手机因芯片供货问题导致无法生产，出现了被动市场撤退的局面，给竞争对手提供了难得机会。

根据 Counterpoint Research 发布的数据，在全球高端手机市场，相比 2020 年，华为 2021 年的市场份额从 13% 降至 6%，苹果出货量大增，市场份额由 55% 提升至 60%，抢到了华为撤退让出的高端市场机会。相比之下，三星在全球高端市场的市场份额未变，在国内高端市场上并无新进展，没有抢到机会。

小米也抢到了华为撤退带来的市场红利，但主要在中低端市场。2021年，小米全球市场份额提升2个百分点，累计出货量1.91亿部，同比增长28%，而全球智能手机出货量同比仅增长了7%，显然是抢占了华为留下的市场空白。在高端机市场上，小米市场份额从2020年的1%提升至2021年的3%，出货量从1000万部上升到2400万部。虽然小米与自己上一年相比提升很大，但与苹果抢占的机会相比差距仍很大。小米在自主研发投入、核心技术能力、高端品牌形象等关键因素上的不足，制约了小米高端市场的攻击力和替代性，并未能很好地把握住华为高端市场撤退所带来的机会。

第三，让自己少犯错，不犯大错，不要为竞争对手制造大机会。

企业无论大小，都会犯错误，但不能犯大的错误。大企业不犯大的错误，其他企业一般难有大的机会击败它。企业一旦出现重大失误，那就给了竞争对手重大机会，轻则造成短期被动，重则导致战略性失败。

【蓝月亮：策略失误，予人机会】

2008年，蓝月亮率先在国内引领洗衣市场从洗衣粉到洗衣液的消费变革。彼时国产洗衣液品牌和外资品牌都还没有开始在国内力推洗衣液产品，一个时间差的领先，让蓝月亮抢得市场先机。到2010年，蓝月亮在洗衣液的市场份额一度高达44%。

2015 年 4 月，因合作谈判分歧较大，蓝月亮毅然决定撤出大润发；6 月，所有产品从大润发 300 多家门店下架。此后，蓝月亮陆续撤出家乐福、沃尔玛、人人乐、欧尚等商超渠道。与此同时，2015 年 "618" 活动半天内，据称蓝月亮在京东促销了 101 万提洗衣液。于是，蓝月亮更加坚定地采取了新的渠道战略，主力进攻电商渠道，自建 "月亮小屋" 社区店、招募 "清洁顾问" 做地推直销，欲打造 "O2O+ 直销" 的渠道模式。然而，蓝月亮低估了传统卖场渠道的现实价值，同时高估了线上渠道和自建渠道的发展速度和贡献能力。虽然商超渠道的进场费、陈列费、扣点、促销等各种费用成本很高，但蓝月亮领先的市场地位主要得益于传统卖场渠道的贡献。大部分主力消费人群，还是在传统卖场内买洗衣液，短时间内主力消费人群很难大规模迁移到线上。而线上电商渠道 "薄利多销" 的策略降低了品牌溢价能力，"直销＋社区 O2O" 的模式下，全员营销战略将员工压得不堪重负。

在渠道转型不及预期之下，蓝月亮意识到了传统商超渠道的重要性。2016 年 12 月开始，陆续恢复了与部分商超卖场的合作。但过去多年培育的优势卖场，已被竞争对手趁机瓜分，主要竞品销量被快速反超。据欧睿咨询数据，蓝月亮在中国的市场份额 2016 年已下降到 20.3%；而到 2017 年，主要竞争对手立白洗衣液的市场占有率已经提升到 26%。蓝月亮不得不开启一场重夺卖场之战。显然，就蓝月亮这次渠道战略调整的失误而言，既阻碍了自身增长，也给竞争对手创造了反攻机会。

有些时候，不是自己做错了什么而给竞争对手带来机会，而是没做什么给对方创造了机会。决策者，尤其是头部领先企业的决策者，应时刻保持头脑清醒，避免企业成为战略僵化、反应迟缓的一方，从而给竞争对手提供逆袭机会。

【百度贴吧：僵化无为，予人机会】

2003 年上线的百度贴吧，可谓是元老级的兴趣社区和内容平台。百度搜索引擎是一个"用完即走"的产品，百度贴吧则是结合搜索引擎建立一个在线的交流平台，一款以关键词为核心的兴趣社区。早年百度贴吧火热程度非常之高，简直就是一款现象级产品。

2009 年 8 月，新浪微博上线，面对微博高涨的人气和高速的用户增长，及大量明星、大 V 入驻的强大话题带动力，百度贴吧的大 V 和用户开始慢慢流失。2011 年 1 月，以问题为导向的知乎上线，知乎汇聚高阶知识创作者，以优质内容、高质量信息为特色。虽然百度有贴吧和百度问答，但仍然无法匹敌，最终导致高质量用户大规模流失。面对移动互联网趋势和优质内容需求增长趋势，面对新的社交产品、新的运营模式，百度贴吧依然沿袭早期的发展思路和粗糙打法，既没有在趋势上有所洞察、战略上有所进化创新，亦未在策略上采取有效的应对措施，导致竞争优势快速削弱。2016 年爆出"血友吧事件"之后，贴吧更是广受质疑，其发展进程进一步受阻。

由于一系列战略性失误，百度贴吧作为一个曾经拥有 3 亿用户的兴趣社区平台的元老、领先者，逐步走向没落，而后来的竞争对手把握机会，快速崛起，如今微博月活用户已超 5.8 亿，而知乎的月活用户也已突破了 1 亿，成为各自领域的 NO.1。

04 踩准节奏，速胜定终局

任何机会都有时间性，把握时间窗口、踩准时间节奏至关重要。平时练好内功，战略级机会一旦出现，必须在时间窗口内全力出击，夺取胜利。

大多数行业都存在规模效应。而在网络化、数字化时代，这种规模效应与网络效应结合，形成显著的垄断效应。必须快速成为头部，否则生存难度很大。所以，机会一旦出现，企业必须集中资源快速进攻，率先取得规模领先或主导地位、超越或清除大部分竞争对手。

中国互联网发展史，就是一部速胜争先的教科书。为了速胜、溃敌，有时企业甚至不惜采取高强度消耗战的方式，以求速战速决，锁定终局。以百团大战和外卖补贴大战中走出来的本地生活巨头美团、打车软件补贴大战中走出来的移动出行巨头滴滴等为代表，这些企业借助动辄数亿乃至数十亿的补贴，实现了快速淘汰对手、快速取得领先的战略意图。

【美团：踩准节奏，速胜定终局】

在 2010 年前后，中国互联网团购市场爆发。到 2011 年底，大众点评、糯米、嘀嗒团、满座等开了 25~30 个主要城市；而拉手、窝窝团、24 券、团宝开了 150~300 个城市。美团当时既没有只做少数一二线城市，也没有全面撒网排名几百位的城市，而是在一二线城市之外，还选择了一些三四线城市，总共开了 90 多个城市。美团为什么选择这样的扩张战略？主要是考虑到几点：一是一二线大城市市场太大，很难快速形成高集中度的局面，竞争者会有很多的生存机会，竞争会持续很久；二是排名 150 位以后的城市体量有限，对整体市场胜负影响不大；三是未来白热化的高强度竞争对抗下，如果竞争对手控制投入、减轻管理负担，那么大概率会选择"关城市"的话，而"关城市"一定是先关重点大城市之外的"尾部城市"。所以，美团的策略是，要在竞争对手死守必争的重点大城市之外，倾斜投入重兵资源，快速抢占市场份额，在这些城市率先胜出。然后，以此为后方粮仓，与主要对手在重点大城市进行决战，从而赢得全局胜利。实践证明，这样的战略选择，让美团在相比拉手网、窝窝团等竞争对手融资更少的情况下，通过在腰尾部城市的速胜，为全面胜利打下了坚实基础。

企业对市场特点、业务特征、商业模式、竞争情况等要素的充分研究，是大规模投入进行速胜决战前必须做好的功课。

但需要警惕的是，过度的消耗战风险巨大，往往杀敌一千自损八百，最终结局却难以难料。一举成功成为主导者固然是理想结局，但两败俱伤或者最终惨胜的，也不乏其例。高速扩张带来的资金消耗和组织管控难度，也随着规模的急剧扩大而急剧增加。同时，快速取得一系列胜利，容易让企业领导人产生无所不能的幻觉，过于自信，从而导致在重大决策中犯错。因此，速胜之下，越当理性。

第五节 ● 因变胜：兵无常势，因敌制胜

用兵的特点跟水流的特点是相似的。水没有固定的流向，水根据地形、地势情况而流动，作战则根据敌情来采取制胜的方略。

用兵作战没有一成不变的战略战术，正如流水没有固定的形状和流向一样。能根据敌情的动态变化而取得胜利的，就能称之为"用兵如神"。

金、木、水、火、土这五行相生相克，没有哪一个是固定常胜的；春、夏、秋、冬四季是相继相代，没有哪一个是固定不移的；白昼因季节变化不同而有长有短，月亮随时间变化也有圆有缺。总之，战场上的形势是不断变化的。

《孙子兵法》原文

夫兵形象水，水之形避高而趋下；兵之形，避实而击虚。水因地而制流，兵因敌而制胜。故兵无常势，水无常形，能因

敌变化而取胜者，谓之神。故五行无常胜，四时无常位，日有短长，月有死生。

——《孙子兵法·虚实篇》

商业战略解读

"变"是贯穿整个孙子用兵思想体系的基本法则。开篇《计篇》中即讲道："兵者，诡道也。"这里的"诡"，一般理解为诡诈、欺诈；但从整部兵法所传递出的思想精神来理解，孙子在这里并不是教人们学坏、以使坏的手段达成目标，而是意指用兵之法、竞争之法在于变化无常、善于隐藏、出其不意，以有备之师打击无备之师。

在《虚实篇》中，则进一步强调："水因地而制流，兵因敌而制胜。故兵无常势，水无常形，能因敌变化而取胜者，谓之神。"因此，变的本质，是实事求是，是决策者根据对实际形势变化的准确研判而灵活采取更有针对性的战略战术，并不是随意或轻率地改变决策。

"兵无常势""因敌制胜"的战略思想，体现在企业战略管理实践中，就是要建立战略环境的动态监测、预警机制，对战略实施建立动态复盘、评估机制，对经营环境中的变化点、机会点、风险点进行重新审视，纠正预判偏差；对战略目标完成度、战略任务完成度、战略措施合理性、战略执行中遇到的问题等进行总结回顾，纠正战略偏差、执行偏差；根据实际情况，对战略进行滚动修正，完成战略滚动规划。通过对战略的动态化管理，实现战略进化。这种战略进化，小至每个独立的战略业务单元，大至整个企业发展。

一方面，面对商业环境的易变性、不确定性、复杂性、模糊性，战略制定的一些前提假设、场景预判不可能把所有情况和方案都事先考虑到、考虑好，不可避免地要在战略实施中边探索、边试错、边迭代，经过自上而下和自下而上的反复过程，最终找到并形成适合的战略，形成知行合一的战略进化过程。

另一方面，技术的创新、政策的变化、新竞争者的加入、商业模式的更新、消费者偏好的改变、传统市场机会的收敛、企业自身观念的僵化和封闭化等，都会导致企业原先的定位趋于模糊化或同质化，原先的竞争优势慢慢弱化。如果不能动态建设新的竞争优势、动态更新自己的战略，企业可能刚刚赢得了上一场竞争，转眼之间就输在了新一轮竞争的起跑线上。

与时俱进、与势俱进，才能避免公司战略陷入僵化；而构建持续的竞争优势，长期保持领先，对任何企业都是巨大的挑战，这是一件"难而正确的事"。

战略的适时进化，甚至跳跃，首先，需要企业领袖和核心管理团队具备开放思维和革新意识，对时与势的洞见和把握，适时推动变革；其次，需要组织的柔性灵活，能快速调整、迭代革新，以适应新战略的要求。两方面缺一不可。

战略进化没有一种统一的标准模式，但有一个共同点，那就是：顺势而为，修正定位、调整布局，持续构建面向未来的业务组合与竞争优势，从而获得持续的增长。

下面我们通过华为、招商银行和通威三个企业案例，一起学习三种典型的战略进化。

01 淘深扩宽的战略主航道：华为

以核心业务为根，沉淀核心能力；以不断延长的核心能力为半径，向相关领域延展，探索驱动企业持续增长的第二曲线、第三曲线；然后以新曲线上沉淀的核心能力为半径，进一步向相关领域延展，如此螺旋式上升，是一种比较稳健的战略进化模式。

很多人说，华为的战略是聚焦，聚焦主航道，不做其他的业务。聚焦主航道确实没错，但华为的主航道其实一直在随着经营形势和时代变化而不断演变进化，驱动着华为业务持续增长。

华为成立之初，主要是代理销售香港公司的电信设备。随着更多经销商的进入，竞争激烈、利润变薄。基于对交换机市场前景的判断，华为从代理商转型至自主研发，并制定了由低端产品走向中高端产品、从农村市场包围城市市场的战略。从1995年开始，华为探索一体化、多元化和国际化，突破了交换机单一产品，进入了通信网络领域，逐渐成为一个能提供全面通信解决方案的服务商。

在移动通信快速普及的趋势下，2003年，华为成立手机业务部，以运营商定制手机为主，将业务延伸至终端，以探索新的收入来源；同时，华为进入芯片业务领域。在2010年移动互联网大爆发初期，华为大举进军智能终端领域，将业务延伸至包含手机、笔记本、智能穿戴等在内的消费电子领域。从早期的硬件战略到后来的软件生态战略，华为的手机战略不断升级。同时，华为成立企业业务集团，向企业提供网络、云计算与数据中心、垂直行业应用等服务，华为开始实施"云（云服务）—管（网络）—端（各种智能终端）"协同发展战略。这一阶段，智能终端业务取得突出成绩，华为手机在中低端市场战小米、OV，在高端市场斗苹果、三星，一举成为国内手机销量第一的厂商，到 2019 年，华为手机全球销量超越苹果，成为世界第二，仅次于三星。2017 年以来，随着云计算、大数据、物联网和人工智能等新技术的发展，各行业数字化服务需求旺盛，整个社会加速向数字化世界演进。面对这样的大背景，华为提出了"聚焦ICT基础设施和智能终端，使能行业数字化转型"的战略。目前，华为的行业数字化应用已经赋能智慧城市、智能制造、智慧矿山、智慧出行、教育等诸多领域。面向智能汽车时代，华为已经深度布局智能汽车领域。致力于释放数字生产力，构建万物互联的智能世界，已成为华为在数字时代新的使命。

不难发现，电信业务仍是华为的主航道，但这个主航道被一次一次挖得更深了、拓得更宽了，从传统电信业务，到智能终端业务，再到云服务、数字化解决方案、智能汽车，新兴板块的汇入让主航道不断升级进化，汇聚成华为在电子信息领域的庞大拼图。

02 持续进阶的战略升级：招商银行

在一个明确的战略方向下，企业仍需根据外部环境演进、自身发展阶段的不同，通过递进升级的方式动态升级自己的战略。用战略递进升级牵引企业发展再上新台阶，这是另一种典型的战略进化模式。

2001 年 12 月 11 日，中国加入世界贸易组织，在 5 年过渡期内，中国将有序推进银行业开放。当时，一方面，国内银行大多以批发业务为主，依赖大客户及利差收入，五大国有银行凭借资历背景，已经将重要客户抓在手中，不会轻易拱手让给招商银行；另一方面，商业银行经营环境将发生重大变化，对外资银行全面开放，国外银行经营模式和业务种类灵活多样，零售业务战略势在必行。可以说"不做对公业务，现在没饭吃"，"不做零售业务，未来没饭吃"。于是，经过几年的思考和酝酿，在 2004 年，马蔚华行长提出"零售转型"战略，提出将零售业务、中间业务和中小企业业务作为三大重点业务，全行范围内以理财指标取代存款指标考核。在零售业务无人问津的年代，招商银行将其作为主要战略发展方向，可以算是中国最早向零售转型的银行了。2007 年，在深圳成立第一家私人银行中心，成为第一家提供私人银行服务的股份制商业银行。2008 年，在苏州成立小企业信贷中心，专门针对小型企业客户提供多种融资服务。2009 年，首批在 7 家试点分行成立中小企业金融部，促进了试点分行中小企业业务的发展。这一次战略转型，让招商银行的业务结构有了很大的改善，在零售银行领域打造出了差异化竞争优势。

2014 年，部分区域开始暴露信用风险，对公贷款不良率与零售贷款不良率差额不断拉大；同时，招商银行零售业务收入和对公业务收入占比均在 40% 以上，处于比较均衡的状态，接下来如何侧重发展，需要明确战略。于是，2014 年招商银行提出了"一体两翼"轻型银行发展战略，以零售金融为"一体"，以公司金融、同业金融为"两翼"，推进"一体两翼"协同共进。还提出接下来 5 年，零售金融板块在整体利润中的占比每年提升 3 个百分点，而作为"两翼"的公司金融和同业金融将更加聚焦和专业，更加有力地支持零售金融。以服务为主线，打造"轻型银行"。

当前，招商银行着眼于实体经济不断升级的融资需求和居民财富持续高涨的配置需求，以"大财富管理"为主线，顺应数字化趋势，以金融科技为动力，向"轻型银行"的高级形态不断演进。

由于审时度势的战略洞察、前瞻性的战略布局，招商银行把握住了金融发展的时代脉搏，通过一次又一次的战略升级，构筑起持续的竞争优势。

03 驭势跨界的战略跳跃：通威

跨界跳跃，是另一种战略进化的路径。在原有领域做到数一数二，形成稳固的根据地、战略大后方；然后，遵循"先至胜"原则，适时进入一个新的领域，并建立起新的竞争优势，构建出企业持续增长的第二曲线。

改革开放后，随着经济的发展、人口的增长和消费水平的不断提高，人们的膳食结构发生变化，人们对动物蛋白的要求越来越高。大力发展畜牧和水产养殖业，是解决人们对动物蛋白需求、保证人民合理膳食结构的根本出路。水产品更加符合人们崇尚健康的消费理念，而鱼类等水产品的饲料转化率高、经济性强，拥有更广阔的行业成长空间。在 20 世纪八九十年代，这无疑是一个极好的机会。

随着网箱养鱼在全国的推广，刘汉元将事业焦点从养鱼转移到了上游的鱼饲料。养鱼热潮产生大量的饲料需求，但饲料生产需要研究复杂的营养配比，具有一定技术含量。从 1986 年建起第一个鱼饲料厂，到 1992 年通威品牌正式发布，再到 1998 年全国水产饲料产销量全国第一，通威股份通过开发新产品、优化产品结构、扩大经营规模、降低管理成本、加强销售网络建设和产业延伸开发，塑造了品牌、产品、技术、管理、规模等全方位的竞争优势。到 2004 年公司上市时，通威已经成为国内第三大饲料生产商和最大的水产饲料生产企业。如今，通威股份已是全球最大的水产饲料生产企业，其国内市场占有率超过 25%，连续 20 余年位居全国第一。

在饲料领域做到数一数二之后，通威股份锁定了刚刚爆发的光伏新能源领域，于 2007 年涉足光伏行业，开始生产多晶硅。但随后硅料价格从最高 500 美元/千克一路跌至 40 美元/千克，在市场波动和海外"双反"政策打击下，国内光伏企业受到巨大影响。硅料业务陷入亏损的通威，一边依靠饲料主业稳定的现金流"输血"，一边坚持技术创新、降低成本，顺利渡过难关。不仅如此，还把握行业冲击带来的机会，向中下游延伸布局。2013 年，收购合肥赛维，进入光伏电池片领域。2015 年，国内光伏产业全面复苏，通威股份加大产能建设、技术创新，与产业链中的隆基股份、天合光能等巨头展开战略合作，一举成为拥有技术和规模双领先的全球光伏产业领军企业之一。到 2021 年，通威股份的光伏业务规模达到了其饲料业务的 1.5 倍，从传统产业领域的王者，到新兴产业再夺桂冠，其成功确实令人赞叹。

通威股份从水产饲料出发，成长为以农业、光伏双主业驱动的世界巨头，从战略进化角度来看，启示如下：

一是把最擅长的领域做到极致，建立有绝对优势的大后方。创始人刘汉元在接受采访时曾说："一个企业应该把自己最擅长的商业机会做精、做专，只有在行业里面处于绝对优势地位后，才能真正支撑公司长治久安的发展"，"你不强就去做大，相当于跳进火坑"。

二是在接近而未到天花板时，就提前布局第二曲线。2006 年左右，通威已经成为中国水产饲料和养殖领域的龙头企业。但从营收增速来看，通威已逐步接近市场的天花板。为了寻找企业的第二增长曲线，通威股份开始了多元化发展。"光伏是能量来源路径最短、储量最大、取之不尽用之不竭且成本较低的，几乎是未来能源的唯一选择，有阳光的地方就能清洁发电。"

三是深思熟虑、充分求证摸索。刘汉元说："我们用了近两年的时间，对整个多晶硅乃至太阳能光伏产业的各个方面进行了充分论证。经过深思熟虑，我们才决定全面进军新能源领域。在可预期的未来，新能源必将是引领世界经济增长的火车头。"

四是投入重点兵力，形成压倒性优势，取得领先地位。 2015 年，国内光伏产业全面复苏，当年通威宣布多晶硅年产能突破了 7 万吨；2016 年，在包头投资建设了年产能 5 万吨的高纯晶硅及配套新能源项目，一举将多晶硅产能提高到 12 万吨，跃居世界第一；到 2021 年底，公司已形成高纯晶硅年产能 23 万吨，全年出货量接近 17 万吨，占全球市场份额超 20%，太阳能电池年产能超 54 吉瓦，约占全国当年产能的 15%，高纯晶硅和太阳能电池全球龙头地位稳固。

第四章

商业模式

奇正

○ "以正合，以奇胜。"没有"正"，就没有"奇"；没有"奇"，只有"正"，则难胜。奇正胜，不是单纯强调创新，而是强调守正出奇、守正创新，是组合拳、"一点两面"的胜利。

○ "奇正"是竞争力量的组合搭配、动态运用，也是商业模式设计的重要原则。在商业模式设计中，以"正合奇胜"的思想为指导，通过对商业模式各要素的守正出奇、创新设计，有助于企业打造差异化竞争力，构建竞争优势。

第一节 ● 四类基本的奇正组合创新

凡是作战，都是以"正"兵迎敌展开正面交战，而用"奇"（jī）兵去出奇制胜。善于运用"奇"兵的人，其战法变化就像天地运行那样无穷无尽，像江海那样永不枯竭。

声音不过是宫、商、角、徵、羽五种，可这五音的组合变化，形成各种旋律，听不胜听；颜色不过是红、黄、蓝、白、黑五种主要颜色，可这五种色调的组合变化，形成各种画面，看不胜看；味道不过有酸、甜、苦、辣、咸五种，可这五种味道的组合变化，形成各种美味，尝不胜尝。

作战方法不过奇、正两种，而奇、正的组合变化，却无穷无尽。奇与正相互转化，就好比圆环旋绕，无始无终，谁能够穷尽呢？

《孙子兵法》原文

凡战者，以正合，以奇胜。故善出奇者，无穷如天地，不竭如江河。

声不过五，五声之变，不可胜听也；色不过五，五色之变，不可胜观也；味不过五，五味之变，不可胜尝也；战势不过奇正，奇正之变，不可胜穷也。奇正相生，如循环之无端，孰能穷之？

——《孙子兵法·势篇》

商业战略解读

奇正之法，就是在作战时遵循"以正合，以奇胜"的法则。即，以"正兵"当敌，用于迎敌、相持、钳制，以"奇兵"作为机动、预备、突击力量，出其不意、直击要害制胜。孙子特别强调"正""奇"两者的组合，而且强调要"善出奇""正兵""奇兵"的互相变换、"奇正相生"。林彪曾总结提出"一点两面"的战法："一点"就是主要的攻击点，"两面"就是围绕主要攻击点集中优势兵力，佯攻部队放正面迎敌，主攻突击队放侧面出奇制胜，实际上就是"以正合，以奇胜"，守正出奇。

对企业经营来说，所谓"正兵"，就是企业为满足客户基本需求和应对市场竞争所采取的基本策略、基本行动和正常的资源投入；而所谓"奇兵"，就是要寻求差异化，寻求创新点，寻求不同之处、超越之处，打造竞争制胜的关键力量。若没有"正兵"的基本布局、部署、应对，就失去了"出奇"的基础。

《李卫公问对》中李靖强调了正兵的重要性、基础性，"若非正兵，安能致远？"若没有"出奇"的差异、探索、创新，就没有赢得大胜利的可能。《李卫公问对》中李靖说："奇正者，所以致敌之虚实也。敌实，则我必以正；敌虚，则我必以奇。"最佳境界是"无不正，无不奇"，善于根据竞争情况来变换策略。所以，"以正合，以奇胜"是组合式创新，"正"与"奇"缺一不可。"奇正"思想，充满着辩证思维和创造性思维。

在经营中，一些人将"奇正原则"视为战术原则，当作营销的"术"去理解；但实际上，在企业战略设计中，特别是商业模式设计中，正合奇胜、守正出新的兵法思想同样具有重要启发价值。

根据商业模式画布的理论，客户细分、价值主张、渠道通路、客户关系、关键业务、核心资源、合作伙伴、成本结构、收入来源，是构成商业模式的九大要素；对这些要素之一项或多项的优化，可以创造差异化，带来业务竞争力的突破。

商业模式设计时，典型的奇正组合类型包括：

● 围绕客户价值的奇正组合创新，主要涉及价值主张、客户细分；

● 围绕业务提供的奇正组合创新，主要涉及渠道通路、客户关系、关键业务、核心资源；

● 围绕合作关系的奇正组合创新，主要涉及合作伙伴、客户关系；

● 围绕盈利方式的奇正组合创新，主要涉及成本结构、收入来源。

01 价值主张的奇正组合创新

产品是竞争的根本，是企业满足客户需求、实现价值主张的主要载体。以产品为中心，对业务模式相关要素进行奇正组合、守正出奇，是构建差异化市场竞争力、形成有利竞争态势的重要途径。

形式一：以产品基础功能为"正"，差异化的特色功能或形态为"奇"。

产品差异化是竞争优势的重要来源。产品性能的奇正组合，其原则就是人无我有、人有我优。

美国强生公司的邦迪创可贴一度占据了中国创可贴市场90%的份额，处于绝对垄断地位。云南白药融合其药物外伤治疗优势，研发推出了含药创可贴，将具有良好止血愈合效果的云南白药散剂加入使用方便、易于携带的创可贴中，使得产品与邦迪创可贴单纯止血的功能形成差异化，效果更优。云南白药通过"有药好得更快些"，以止血功能为"正"、愈合功能为"奇"，构建了对邦迪的差异化功能，后来居上，快速成为创可贴市场的领导品牌。同理，云南白药将白药的活性物质提取出来，放到牙膏中，推出了云南白药牙膏。相比普通牙膏，由于止血、愈伤、护理等药理作用，牙龈出血、口腔溃疡、牙龈萎缩三大问题得到有效改善。到2021年，云南白药创可贴占据了国内创可贴市场份额的65%，远远将邦迪甩在身后；而云南白药牙膏占据了牙膏市场份额的20%以上，稳居第一，反超了佳洁士、高露洁等众多强势品牌。

当消费者和竞争对手都很关注智能手机的拍照功能时，2016年，华为与徕卡合作，将手机拍照功能做到极致。徕卡相机以结构合理、加工精良，质量可靠而闻名于世，当然，昂贵的价格也是徕卡的重要标志。与徕卡合作后，凭借突出的拍照实力，华为P系列及Mate系列多次夺得DOX手机相机排行榜的第一名，引发消费者的狂热点赞。网友们曾经一度以拿华为手机拍月亮，在朋友圈晒月亮照片为乐，火热一时。华为在手机本身综合性能优异的基础上，通过将消费者关注度高的拍照功能做到极致，形成差异化优势，这正是"以正合，以奇胜"的典型做法。

形式二：以产品硬件为"正"，以软件应用创新为"奇"。

在智能终端、万物互联的新时代，以硬件为"正"、软件为"奇"，抑或以软件为"正"、硬件为"奇"，这种硬件与软件奇正结合的业务战略越来越多。

苹果iPhone手机面世后，受到消费者的广泛欢迎，其产品的外观设计、屏幕触感、材料质量、工艺做工等自然是非常优秀，但这只是"正"兵。如果乔布斯没有去布局软件开发生态，没有把数百款、数千款，及至后来数十万款的应用程序做出来，没有通过苹果App商城提供给消费者方便的下载使用，带来丰富的软件使用体验，那么苹果手机未必能成功逆袭诺基亚和摩托罗拉这些当时领先的手机品牌，获得消费者的追捧。软件应用平台是乔布斯布局的"奇"兵。

中国家电行业巨头林立，新进入者若想在传统电视领域分一块蛋糕几乎没有胜算。但小米电视通过"电视＋互联网内容"的奇正组合，即以质量不错，画质、音质等都较好的电视硬件为"正"兵，以从云端可获取大量互联网内容为"奇"兵，通过互联网电视与传统电视厂商之间的竞争，实现了降维攻击，获得了消费者的追捧。2020年，小米电视全球出货量达1230万部，连续三年位居国内第一、全球前五。

2018 年底，华为决定投资 20 亿美元提升软件能力，在 5 年周期内，将软件工程能力再提升一个台阶。通过软件提升，来减少对芯片的依赖，打造差异化。同时，也在传统硬件业务的基础上，进一步加快提升软件和服务的收入占比。作为硬件巨头，从通信设备到智能手机，经历了一次战略跃升，现在进一步向硬件和软件相结合的软硬件巨头跃升，优质的硬件是传统的"正兵"之举，软件服务则是提升收入和创造利润的"奇兵"，业务组合布局上的奇正结合，驱动持续增长。

形式三：以产品为"正"，服务创新为"奇"。

在这种模式中，产品成为基本价值，不可或缺但又趋于同质化，单靠产品价值无法赢得客户，难以获得足够收益；而通过延伸和创新相关服务，将产品和服务组合起来，形成综合解决方案，不仅能更好地满足客户需求、增强客户黏性，还有助于构建新的收入来源。

服务行业的典型案例是海底捞。海底捞通过难以企及的服务体验赢得业界极佳口碑。海底捞的火锅，无论是底料、菜品、口味，还是环境、装修等都与大多数火锅店大同小异，在食品安全、食材新鲜、口味等这些方面做好是基本要求，这是满足正常客户需求的"正"兵；而在服务方面，海底捞花了比较大的力气做差异化，把人性化服务、客户体验做到了业界的极致水平，吸引了众多忠实粉丝，这就是出的"奇"兵。奇正结合，在激烈的餐饮市场竞争中脱颖而出。

随着综合成本的上升、盈利水平的下降，不仅服务业企业在向服务要效益，将服务打造成差异化的竞争力，制造业企业也在向下游服务活动延伸，或者通过服务增强产品销售，或者将服务产品化，通过高附加值的服务，构建出新的收入增长来源，形成以产品为基础、以服务制胜的业务模式创新。从全球范围来看，制造业务与服务业务之间的边界日益模糊，世界 500 强制造业企业的服务化率普遍达到 70%。中国服务型制造业发展也进入加速期，系统解决方案、个性化定制服务、在线支持服务等未来发展空间巨大。

罗尔斯·罗伊斯公司是全球最大的航空发动机制造商。作为波音、空客等飞机制造企业的供货商，罗尔斯·罗伊斯公司并不直接向这些企业出售发动机，而以"租用服务时间"的形式出售，并承诺在对方的租用时间段内，承担一切保养、维修和服务。这样，发动机公司在研发、生产和服务上精益求精，而飞机制造商也"落得轻松"，罗尔斯·罗伊斯公司则通过服务合同绑定用户，增加了服务型收入。

铁建重工是国内领先的隧道掘进装备智能制造新模式产业基地和轨道交通装备大规模定制化企业，坚持"创新型、服务型"企业发展模式。铁建重工积极发展定制化装备研制业务，紧跟客户需求，提供覆盖个性化设计、项目的施工方案、人员培训、现场安装服务、备品备件销售、回收再制造等产品全生命周期增值服务，向服务型制造加速升级。在这种模式下，公司先后研制了智能型凿岩台车、智能型湿喷台车、智能型多功能作业车等钻爆法智能化成套装备，为客户发展赋能。

形式四：以产品或服务为"正"，定价方式创新为"奇"。

以产品或服务为基础，基于产品性能或服务内容的梯度化分类，进行差异化定价，在定价策略上出"奇"兵，差异创新，让客户感觉我们的产品或服务性价比高，既能提升客户吸引力和市场竞争力，又能构建自己的盈利模式。

很多游乐场单个项目收费有一套定价标准，比如 30~100 元每项，而多个项目的套票则采取另外一种优惠标准，比如，根据项目多少可能区分为 188 元、288 元、388 元，客户可以根据自己需要搭配，项目越多往往越实惠。通过这种方式，不仅满足了不同消费者的需求，而且有利于拉动客户游玩更多项目。

更进一步，针对不同产品或功能，采取"部分免费＋部分收费"相结合的定价方式。这在游戏、音乐等互联网行业及软件服务行业使用非常普遍。这种"免费＋增值"的模式，首先以基础产品或功能免费为"正"兵，满足用户需求，快速获得大量用户，并在初期用户使用反馈中快速迭代，完成产品升级完善；在形成用户黏性以后，针对部分更高级别的功能或更高体验性的项目设定收费要求，以此为"奇"兵，获取收益。

《王者荣耀》游戏可以免费下载，不花钱也可以玩，像皮肤、英雄之类的可以通过完成某些任务换取金币或钻石去买；但是如果需要某些更加精美的商品、追求更完美的游戏体验，那就要花钱充值购买了。自 2015 年发售以来，《王者荣耀》累计收入已突破 100 亿美元。

百度网盘，使用是免费的，但要享受不限量极速下载、视频倍速、超大空间、在线解压、大文件上传、更多批量转存等特权，就需要付出额外费用购买超级会员。

WPS Office 是一款广泛使用的办公软件，为用户提供包括文字、演示、表格等方面的基础服务，可以完成基本办公需要；但如果需要纯净无广告体验、稻壳会员内的优质模板、大容量云文档空间、更多共享成员文件夹数量等，就需要付费获取了。

这些都是以拥有优质体验的产品为"正"，以定价方式的创新为"奇"，构建价值主张的奇正组合，为商业成功提供了有效途径。

02　业务提供的奇正组合创新

按照"以正合，以奇胜"的原则，在业务提供过程中，以产品为基础，涉及渠道通路、交付方式、核心资源支撑等方面奇正组合创新。

形式一：以产品为"正"，渠道创新为"奇"。

在这种模式中，产品是趋同的，但通过渠道创新，形成奇正组合来获得竞争优势。当然，当渠道趋同、差异化优势消失后，可通过产品的差异化，包括拓展新的产品线、增加产品深度等方式，继续构建渠道为"正"、产品为"奇"的奇正组合。

苏宁最早从事空调批发业务，短短几年，从南京走向全国，发展为国内首屈一指的空调批发商，也赚到了第一桶金。随着空调行业产能过剩、上下游矛盾的激化，许多家电厂商提出了"掌控终端，实现渠道扁平化"的目标，渠道变革势在必行。苏宁敏锐意识到零售终端将成为厂家必争之地，果断将批发业务转换为零售业务，开设了空调专卖店，由此开启了直营连锁店模式。经过3年多的努力，苏宁在1998年以28亿元的销售业绩，第六次蝉联中国空调最大经销商的桂冠。

直营连锁战略初步成功后，苏宁对渠道进一步升级，从空调专卖店升级为综合家电连锁店，通过丰富的品类打造一站式购物体验，受到消费者的欢迎和认可，对当时那些品类较少、选择不多、价格偏高的小型家电卖场形成显著的竞争优势，抢到大量的市场份额，营收规模从2001年的17亿元一路攀升到2011年的939亿元，成为当之无愧的中国家电零售第一巨头。

2010 年左右，我国全面加速进入互联网时代，电商渠道快速崛起。苏宁这一次"醒得早、起得晚"，虽然在 2005 年左右已开始探索布局 B2C 电商渠道，但重视度不高、创新不足，电商新渠道的发展缓慢，未能建立起核心的竞争优势。京东在 2005 年全面转向电商渠道，并在 2007 年左右以家电品类为基础，快速增加品类、升级服务、提升效率，构建起具有领先优势的全品类线上商城，实现了高速增长。到 2014 年，京东的营收规模就超过了苏宁。随后差距越来越大，到 2020 年京东营收达 7400 多亿元，而苏宁只有 2500 多亿元。

在产品丰富化、同质化的时代，苏宁前期通过敏锐的渠道创新连出"奇"兵，赢得优势；而在电商渠道崛起过程中，思维固化、机制僵化，线下渠道"正"兵有余、线上渠道"奇"兵不力，最后错失机遇，被京东反超。

形式二：以产品或服务为"正"，交付关系为"奇"。

SaaS（Software as a Service），软件即服务。SaaS 改变了软件服务交付方式。传统模式下厂商通过 License 将软件产品部署到企业内部实现交付，而如今在 SaaS 模式下，厂商只需要将应用软件统一部署在自己的服务器上，客户就可以根据实际需求，通过互联网向厂商订购所需的应用软件服务，按订购的服务多少和时间长短向厂商支付费用，并通过互联网获得服务。交付方式的改变，极大提高了服务效率，也降低了客户成本投入、简化了客户操作，带来了全新的业务模式。

零售为"正"，配送为"奇"，将以"天"为单位的物流配送，改变为以"分钟"为单位的即时配送，进一步突破了线上购物的交付方式，通过"零售＋即时配送"的模式，实现了商流与物流的更紧密融合。餐饮外卖可算是这种模式最早的应用，如今除了餐饮外卖，美团、蜂鸟等已经将即时配送扩大到便利店、商超、药店、写字楼、跑腿等众多需求场景中，挖掘出广阔需求，不断创造出新的业务增长点。

形式三：以产品为"正"，技术创新为"奇"。

在商业模式九要素中，技术属于关键资源。以产品为中心的业务模式创新，有一种表现形式就是以产品为"正"，技术创新为"奇"。满足客户需求、赢得客户选择的产品，只是外在表现；出奇制胜的关键力量在于产品背后强大的技术能力。

蔚来汽车采取以产品为"正"、以服务为"奇"的奇正组合，着力打造客户的综合服务体验，吸引了一大批忠实粉丝。而比亚迪采取的则是以产品为"正"、以技术为"奇"的奇正组合，通过强大的技术研发能力和产品开发能力，在混动和纯电动多个方向提供丰富、可靠、高性价比的电动车产品，满足主流市场需求，驱动规模化增长，实现市场份额领先。

华为手机从运营商定制机、白牌，短短几年快速推出华为、荣耀两大品牌众多系列产品，包括：畅享系列、nova系列、P系列、Mate系列、Play系列、X系列、数字系列、Magic系列等，全面抢占智能手机市场，2019年华为手机销量实现2.4亿部的傲人战绩。华为是怎么做到的？

从市场端来看，华为针对不同细分市场，围绕客户需求，快速开发中低端、中端、高端时尚、高端商务等不同定位的产品系列，推向市场、展开竞争，并因为良好的品质和性能体验而受到客户广泛欢迎，此为"正"合。而举全力调集各方技术研发团队、预备队，攻克核心技术、预研新技术，搭建卓越的产品平台，依托公司成熟高效的IPD集成产品开发流程，来实现优质智能手机产品的快速批量化推出，此为"奇"兵取胜。

没有技术和产品平台的高效支撑，在短时间内推出这么多质量过硬的新产品，几乎是不可能完成的任务。所以，以全面攻占市场为目标，满足客户需求的、丰富的新产品是"正"兵，而技术能力、技术力量则保证了产品研发速度和质量体验，是实现后背包抄、纵深打击、建立奇功的"奇"兵。奇正结合，攻城略地。

03 合作关系的奇正组合创新

以基本业务关系为"正"，合伙关系为"奇"，塑造合伙人模式。

在这种模式下，客户是客户，但又不仅仅是客户；渠道是渠道，但又不仅仅是渠道；重要资源提供方是供应商，但又不仅仅是供应商。这些上下游的业务合作方，与企业之间关系的守正出新，亦可以创造新模式、放大竞争力。这是"奇正胜"战略原则运用的另一种表现。

客户合伙人。 交易关系，是企业与客户最基本的关系。让客户在交易过程中体验到企业的产品与服务的价值，这是"正"。基于客户的认同，将客户关系转化为合伙人关系，不仅实现了对重要客户的留存维系、促进复购，而且将客户变成企业拓展业务、提供服务、维系关系的一个网络节点，与企业形成利益的高度一致，这就是"奇"。客户合伙人在电商、培训等一些行业得到广泛应用。

门店合伙人。 门店是作战单元，一个个门店的战斗力和效益，最终汇聚成公司整体的战斗力和效益表现。传统门店是一个被动执行者，门店团队是打工人角色。将传统门店升级为门店合伙人模式，通过完成门店利润目标后参与超额利润分红的方式，可以提高员工的主人翁意识，让员工关注增长、关注利润，提升员工的归属感和荣誉感，提高优秀员工的稳定性，还可以降低管理成本，提升门店盈利能力。

资源合伙人。 企业的上游供应商、下游经销商、资本或技术合作方等，都可以成为企业的资源合伙人。如珠江钢琴上市时，其经销商知音琴行、欧雅乐器、三毛琴行为公司股东，持有公司股份。一些上市公司常通过增资扩股、协议转让、非公开发行等方式，整合产业链上下游合作方，引进优秀经销商、资本合作方或具有特定资源优势的企业，使之与公司利益捆绑在一起，共谋企业长远发展，合力提升企业竞争力。

04 盈利方式的奇正组合创新

盈利方式的构建，是业务设计中至关重要的内容。企业如何从为客户创造价值中获利？盈利模式是怎么样的？"以正合，以奇胜"的战略思想在盈利模式创新中也广泛存在。

形式一：以A业务为"正"蓄客，以B业务为"奇"创收。

这种方式在不同业务之间进行奇正组合，在互联网行业非常普遍。典型做法是通过建立一个体验很好的软件应用服务，C端客户免费使用，吸引流量。然后通过广告、游戏、其他增值服务、企业数字化服务等方式变现，获得收益。

百度作为中国最大的搜索引擎平台，也是中国最大的在线广告公司。百度的收入主要来自搜索引擎B端广告收入，2021年其在线营销收入占比达77.7%，接近八成。同时，百度也在积极促进AI云、智能驾驶等 B 端非广告收入的增长。

腾讯通过微信、QQ 等社交平台积累了 10 多亿用户，创造了巨大流量。微信、QQ 的基础平台免费，腾讯收入的主要来源为游戏等增值业务、广告、ToB 的金融科技及企业服务三大部分。以 2021 年为例，其增值业务收入约 2915.7 亿元，广告业务收入达 886.7 亿元，金融及企业服务收入达 1722 亿元。

在旅游行业，常常可以看到旅行社或导游以低价旅游费用来获取客户，而通过与购物商店合作，为商户导流，以商户的奖励或交易分成来获取主要收入。这种以低价旅游费获客为"正"，为商户导流、获得商户分成收入为"奇"的奇正组合，就是利用了与商业生态中某些利益相关方合作来创建新的收入来源、收益模式。

在房产中介行业，从行业龙头企业到各地中小中介公司，乃至一个门店，一直在探索如何在竞争激烈甚至略显混乱的中介业务之外增收增利。以房产中介业务为基础，拓展装修业务、金融业务成为探索的主要方向，但成效有限。其实，可以把视线扩大，围绕经纪业务积累的房客资源和信任关系，或者说以中介业务为载体，用心建立和维护优质的客户资源和信任关系，以此为"正"兵；再重点聚焦高值群体，延伸保险、理财、珠宝玉石、健康疗养等高端大额消费业务，或可成为中小中介公司或店东创造高利润回报的"奇"兵。

当然，在实践中，以 A 业务为"正"蓄客，积累客户资源和客户关系，以 B 业务为"奇"创收的模式，可能表现得更加复杂和间接，即企业通过 A、B、C 等多个业务载体，最终从更间接的 D 或 E 来实现收益。

形式二：以综合客户体验为"正"，以获取更多现金流为"奇"。

沃尔玛、京东、亚马逊这些企业的利润率都不高，但为什么在资本市场的估值却非常高？

这些企业往往会采取很多措施，加强业务经营能力，包括完善产品丰富度、提高产品质量、改进客户服务流程、加强供应链建设、提升技术支撑能力等。这些活动很费钱，并不能保证企业由此可以直接赚取很多利润，甚至可能亏损；但需要通过这些努力，来不断提升消费者的综合体验，增加客户吸引力，进而不断做大交易规模，这是"正"。

以"正"合的过程中，通过供应商账期管理，创造出巨大的自由现金流。在保持经营安全的情况下，这些巨额的现金可以用来投入升级产品和服务体验，用来加强基础设施和核心能力建设，甚至孵化新的业务，从而进一步增强竞争能力、创收能力，驱动未来的规模增长。这就是"奇"。"奇"与"正"相互促进、支撑，共同塑造出企业综合竞争力，拓展了企业增长潜力，扩展了资本市场对其想象空间。

形式三：以品牌、产品、供应链等为"正"，以成本重组为"奇"。

最典型的方式就是将固定成本可变化，大幅度降低了固定成本开支，将固定成本转化为可变成本，从而获得成本优势。

加盟店模式就是典型。以麦当劳为例，如果麦当劳每到一个城市都自己投资建设麦当劳店，那将是一笔巨大的固定成本和投资。通过加盟模式，由加盟方提供大部分的固定投资，包括店铺租赁费、装修费，甚至机器设备等。这种方式降低了麦当劳的固定成本，对于庞大的麦当劳系统来说，这是一种轻便高效的商业模式。

代理人或团长模式也是典型。社区团购的团长，大多是这种模式。优秀的团长要求高，对客户拉新、客户维护、对产品的理解和需求预测、销售互动与激发等需要样样精通。对于数量庞大、资源能力要求颇高的团长，团长收益完全浮动，主要来源于商品销售佣金及各种任务完成奖励等。而随着平台壮大、议价能力提升，一般还可能进一步降低佣金水平。对于社区团购平台来说，这种方式有助于减轻固定成本压力，塑造长期有利的成本结构。

虽然上面我们列举了十多种常见的奇正组合，但并不能涵盖所有。在经营中，企业会综合多种模式，复合化构建自己的"正"兵部队与"奇"兵部队，并在竞争发展中灵活地转化"奇""正"的角色。前一阶段的"正"兵，在下一个阶段可能变成出"奇"兵的创新之所；前一个阶段的"奇"兵，可能到下一个阶段会变成基本的"正"兵，从而构建出动态创新的奇正组合，"如循环之无端"，始终保持差异化竞争优势。

从具体操作上来说，针对某个业务优化商业模式，只需六步：

● 将自己的商业画布画出来，并列出自己在满足客户需求和应对竞争时正在采取的"正"兵策略、"奇"兵策略；

● 将主要竞争对手的商业画布画出来，并列出自己在满足客户需求和应对竞争时正在采取的"正"兵策略、"奇"兵策略；

● 围绕客户需求、竞争应对，重新审视自己的"正"兵策略，做出优化；

● 围绕吸引客户、超越对手，重新审视自己的"奇"兵策略，罗列出各种可能的"奇"兵策略；

● 汇总各种可能的奇正组合，并逐一评估；

● 选择最佳的奇正组合，完成商业模式优化设计。

"奇正胜"战略原则，在业务设计与商业模式创新中具有广泛应用价值，它为企业守正出新、稳健创新、持续创新、建立差异化优势提供了一种有效的思想方法。

关于商业模式创新设计的思考

重新布局业务的"正"兵与"奇"兵，重构差异化的商业模式

商业模式九大要素	当前状态				重新设计后	
	自己的		主要对手的		自己的	
	"正"兵	"奇"兵	"正"兵	"奇"兵	"正"兵	"奇"兵
客户细分						
价值主张						
渠道通路						
客户关系						
关键业务						
核心资源						
合作伙伴						
成本结构						
收入来源						

第二节 ● 围绕速度的核心竞争力升级

作战最重要的是速胜，最不应该的是旷日持久。

大军不动则已，一旦行动，就应如狂风飞旋一样迅速，像烈火一样迅猛地攻城略地，如雷霆万钧，势不可挡。

《孙子兵法》原文

兵贵速，不贵久。

——《孙子兵法·作战篇》

故其疾如风，其徐如林，侵掠如火，不动如山，难知如阴，动如雷震。

——《孙子兵法·军争篇》

商业战略解读

速胜, 是《孙子兵法》中非常重要的战略思想。基于事前所做的周密计划、充分准备, 一旦行动, 就要迅速, 势如破竹, 一气呵成。兵法中讲的"节如发机""动如脱兔""其疾如风""侵掠如火"都是这个意思。速胜的基本考量, 一是时间窗口有限, 避免机会窗口关闭; 二是迅速发力, 不给对手喘息和应对的时间, 掌控主动权; 三是避免陷入持久战, 降低资源成本消耗。

移动互联网的普及, 极大提升了信息流通效率; 高铁、飞机等高速交通工具的普及, 极大提升了跨地域之间的往来便利程度。在时空被"缩小"、信息更加"透明"的商业环境中, 商业节奏越来越快。"速度"已然成为影响商业竞争成败的关键因素。

速度, 不仅是对把握战略节奏的要求, 而且是商业模式设计、核心竞争力构建的重要因素。在商业模式画布九要素中, 并没有"速度"这一项。但在业务提供过程中, 速度是不可忽略的竞争要素, 且往往是竞争制胜的"奇"兵因素。

天下武功, 唯快不破。一个业务、一个市场, 久攻不下, 不仅消耗企业资源, 也消耗团队士气。即使市场前景非常好、融资的大环境非常好, 久攻不下, 不能取得决定性胜利, 投资者也会望而却步。英特尔前CEO格鲁夫说: "归根结底, 速度是我们拥有的唯一武器。"比尔·盖茨说: "速度是企业成功的关键。"

快鱼吃慢鱼。企业通过重构业务流程、创新业务模式或增强专业能力, 在业务价值链的某个或多个环节上取得速度优势, 都有可能成为激烈竞争中的制胜关键。

技术研发环节

能快速响应需求的研发创新能力是竞争优势的重要来源。强大的技术研发能力、关键技术储备、高效的研发组织流程，是创造研发速度优势的基础。试想：竞争对手推出一款新品一般需要 6 个月，而我方只需 3 个月，那会怎样？2019 年 12 月，新冠疫情暴发，国内一大批医药企业围绕新冠疫苗开展了竞速赛。这是一场与病毒的赛跑，也是一场与同行的赛跑。据悉，国药集团中国生物新冠灭活疫苗研发团队科研团队，全球首个新冠灭活疫苗从启动研发到获批临床只用了 98 天。疫情暴发后，中国先后开展新冠疫苗研制的企业有 20 余家，但最终仅有国药集团、北京科兴中维、康希诺三家公司的新冠疫苗产品率先研发成功上市。早上市，就意味着能分享到更多市场蛋糕。

产品迭代环节

产品的快速迭代，不仅需要技术研发能力的支撑，而且需要企业对客户需求和反馈数据的高度重视、快速收集和开发响应。产品迭代效率高的企业，更具竞争力。微信的迭代效率极高，可以说是标杆级的。微信并不是最早上市的社交软件，但通过快速的产品迭代，取得了竞争优势，坐上了社交软件龙头的宝座。小米的即时通信软件米聊，于 2010 年 12 月上线，米聊上线后产品迭代缓慢。2011 年 1 月，腾讯微信上线。上线后，腾讯以极快的速度持续开展微信功能的迭代，到 2011 年 12 月，微信已经发布到 3.5 版本，完成了至少 12 次比较大的迭代。每一次迭代都带来产品升级和体验升级，进一步驱动用户增长和黏性增强。数百次持续的产品迭代，让微信从一个即时通信工具的跟进者快速成长为拥有 12 亿多用户的超级社交平台。

制造加工环节

柔性制造体系提高了制造环节对市场变化的反应速度。但以"速度"为着力点，围绕生产环节开展业务模式创新，创造新需求、新市场亦是一个很好的方向。疫情之下，"无接触消费"模式兴起，预制菜在B端和C端的需求被全面引爆。只要简单加热或加工一下，一道色香味俱全的红烧肉、鱼香肉丝就可以端上桌子，不用洗菜、切菜，更不用担心厨艺不佳，对小商户和年轻消费者来说很有吸引力。预制菜企业，通过集中大规模采购、中央厨房统一烹饪、标准化操作等生产方式，不仅降低了生产成本，提升了口味一致性，增强了产品本身吸引力，而且对客户具有"极速"吸引力。对于B端商户来说，提高了出餐速度，提升了营业时间的弹性，有助于促进消费；对于C端客户来说，预制菜在家中二次加工方便快捷，大大节省了做饭时间。

物流运输环节

提高物流效率，也是获取竞争力的重要来源之一。伴随着电商的发展，快递物流行业迅速壮大。但由于电商爆发带来的高单量红利，早期很多快递企业放松了对时效和服务水平的提升，因此在一段时间内，用户对电商物流的服务质量意见很大、投诉很多，物流成为制约电商消费体验的重要瓶颈。依托自建的物流体系，京东于2010年3月开始推出半日达服务（也称"211限时达"）：以每日2个11点钟作为时间分割点进行快速投递服务，即上午11点之前下单，当日送达；晚上11点之前下单，第二天下午3点前送达，直接把商品的配送水平提升到了"半日"。随着半日达服务在一二线重点城市的推广，极速配送不仅极大提升了客户在京东平台的购物体验，而且创造了领先于淘宝、天猫物流体验的差异化竞争优势。可以说，极速物流成为京东随后几年高速增长的重要驱动力。2019 年，京东物流又提出"千县万镇 24 小时达"时效提速计划；到 2020 年京东物流已实现行政区县几乎 100% 覆盖，自营配送服务覆盖了全国 99% 的人口，90% 的区县可以实现 24 小时达，这极大提升了下沉市场的物流效率和服务能力，促进了京东在下沉市场的发展。

售后服务环节

很多企业最关注的是客户付款之前环节的效率提升，而客户最关注的是付款之后的环节企业的响应速度如何。华为最开始打天下的时候，产品质量尽管存在一些问题，集成能力和系统能力比国际上主要竞争对手确实要差很多，但为什么还能打下天下，赢得客户？就是因为一旦出了问题，客户给那些国际电信设备厂商的技术人员打电话，最少要 24 小时才能到场，而华为的技术人员只需要 2 小时就可以跑到现场给客户解决问题。快速的响应能力成为华为早期应对强大对手的核心竞争力之一。

可见，企业围绕技术研发、产品迭代、生产加工、物流配送、售后服务等业务价值链全流程上的任何一个环节进行提速，都有可能在竞争中创造差异、创造优势，实现"速度制胜"。

随着市场竞争越来越激烈，几乎所有领域的红利窗口期都不可避免地越来越短。无论规模大小，企业都应积极思考：如何从需求发现、研发设计、生产加工到销售、物流、售后等多个环节系统性提速，构建基于速度的系统性竞争力，将组织打造为一支"快速反应部队"？

特别是对于小企业来说，仅依靠聚焦，多数小企业也是很难长期维持局部优势的，毕竟前排的大中型企业在总体上拥有绝对的资源优势。但小企业具有速度优势，没有大企业那样复杂冗长的流程和跨部门的缓慢协调，洞察到市场机会后，可快速完成市场测试和兵力集结，展开进攻，并可灵活调整战术，率先满足客户需求，占领目标市场。在商业模式设计中，将"速度"融合进去，以聚焦一点、快速响应、灵活创新为主要特点的"运动战"和"游击战"模式，更适合大多数小企业实战，这也是小企业在与大企业竞争中取得差异化优势的主要因素。

第五章

组织保障

兼治

○ 高效持久的战斗力来自组织能力建设，组织是战略实施的关键保障。

○ 组织能力是一种系统性能力，是长期积累、持续提升的结果；同时，组织能力建设又是动态的，需要根据环境变化、战略变化而进化，通过修正迭代和自我革命，保持组织活力。组织僵化是企业战略的坟墓。

第一节 ● 以打胜仗为导向的组织建设

"五事""七计"是指预测战争胜负的五大维度、七个方面。在"道、天、地、将、法"这"五事"中,"法"是指组织结构、责权划分、人员编制、管理制度、物资保障及调配等;在"主孰有道、将孰有能、天地孰得、法令孰行、兵众孰强、士卒孰练、赏罚孰明"这"七计"中,后面四项都属于组织管理的范畴。

治理大部队就像治理小部队一样有效,是依靠合理的组织、结构和编制;指挥大部队作战就像指挥小部队作战一样到位,是依靠明确、高效的通信指挥系统。简单说,组织体系合理、机制完善,可以让管理简化,更从容地驾驭更大的组织规模。

既要用政治道义、仁爱恩惠、教育感化等"文"的方式来管理士兵,使大家内心亲近;又要用严格的军纪军法、规范的组织管理来统一步伐,使大家有所敬畏,这样就必定能获得部下的敬畏和拥戴。

《孙子兵法》原文

故经之以五事，校之以计而索其情：一曰道，二曰天，三曰地，四曰将，五曰法。道者，令民与上同意也，故可以与之死，可以与之生，而不畏危。天者，阴阳、寒暑、时制也。地者，远近、险易、广狭、死生也。将者，智、信、仁、勇、严也。法者，曲制、官道、主用也。凡此五者，将莫不闻，知之者胜，不知之者不胜。

故校之以计而索其情，曰：主孰有道？将孰有能？天地孰得？法令孰行？兵众孰强？士卒孰练？赏罚孰明？吾以此知胜负矣。

——《孙子兵法·计篇》

凡治众如治寡，分数是也；斗众如斗寡，形名是也。

——《孙子兵法·势篇》

故令之以文，齐之以武，是谓必取。

——《孙子兵法·行军篇》

商业战略解读

《孙子兵法》中多处论述了治军思想，"兵以治胜"是其重要战略理念之一。

孙子说，"兵非多益，惟无武进，足以并力、料敌、取人而已"，就是说，并不是兵力越多越好，关键在于正确的组织管理。很多管理者都有切身体会，那就是组织管理得当时，10个人的团队，可能会发挥出15个人的效用；而组织管理不当时，10个人的团队，可能只能发挥出5个人的效用，很多人都处于低效状态。一正一反之间，效用差距甚大，而这正是组织潜能所在、绩效差距所在，也是组织管理的重要价值所在。

战争是力量的比拼，亦是背后组织指挥这种力量之能力的较量。作为企业来说，无论多么伟大的战略，最终都要以打造强大的组织能力为手段，是完成远航、到达彼岸的"船"。

为了实现更高的组织效能、塑造更强的集体战斗力，就需要文武兼治，即"合之以文，齐之以武"，在团队治理中，一手抓体系、规则，一手抓思想、文化。

《孙子兵法》从一个导向、四个维度论述了军队的组织力建设：一个导向就是以塑造战斗力、打胜仗为导向，四个维度是指组织体系、管理机制、人才队伍、士气与文化，文武兼治。（如图5-1所示）

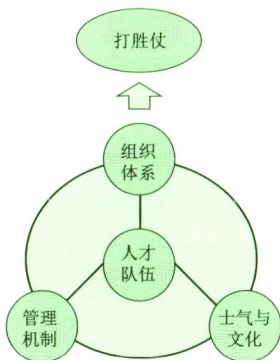

图5-1　以打胜仗为目标的四位一体组织力建设

要素一：组织体系

组织管理能力强，就可以做到"治众如治寡""斗众如斗寡"。魏武侯问吴起："兵何以为胜？"军队靠什么打胜仗？吴起回答："以治为胜。"靠的就是组织管理。

军队作战单元的编组方式优化，可以提升作战组织效率。林彪当年提出"三三制"编组，基本规则是在一个班内，划分3~4个战斗小组，每个小组3~4人，由班内有经验、有威信的老战士担任小组长。三人有基本分工，一人进攻、一人掩护、一人支援，进攻中呈"品"字形散开，每个战斗小组间保持一定距离，相互接应。三个班构成一个排，这样27人的战斗队形就展开了。这种编组的好处是：分工明确、协作高效，也有利于减少集中伤亡、培养新兵传递经验，对提高当时部队一线作战组织效率发挥了积极作用。1950年，解放军精简整编，军师团营连步兵部队的建制，都实行"三三制"。

企业终端组织单元的模式创新，同样具有重大价值。华为以客户为中心创设了"铁三角"工作模式，将客户经理、方案经理、交付经理三个角色组成最小化的工作组织单元，共同执行LTC流程闭环，一起协同满足客户需求，最终实现客户回款。

客户经理：主要负责客户关系、业务需求管理、商务谈判、合同与回款等事宜；

方案经理：主要负责客户需求调研与产品需求管理、设计产品与方案、报价与投标、技术问题解决；

交付经理：主要负责项目实施交付、管控交付风险、实现客户满意。

"铁三角"小组工作模式，打破了各自为政、垂直汇报、跨部门协调的框框，大大提升了客户响应效率，增强了竞争应对速度，促进了业务增长。

军队领导和指挥模式的变革，可以从整体上突破组织管理瓶颈，系统地提升组织指挥效能。2015 年开始，解放军启动了军队领导指挥体制变革，将过去总部体制、大军区体制、大陆军体制的体系，按照"军委管总、战区主战、军种主建"原则，采用"集中化加强整体领导＋扁平化提升作战指挥效率＋专业化提高建设能力"的方式，构建了两条线：一条是"军委—战区—部队"的作战指挥体系，一条是"军委—军种—部队"的领导管理体系，从"战建一体"到"战建分离"。战区是联合作战指挥机构，战区机关所有席位都是为打仗而设，所有干部都是指挥人员、参谋人员，负责研究仗怎么打，怎么指挥，怎么利用好力量打胜仗。五大军种机关负责围绕提升战斗力，以专业化为基础，开展相应军种部队的各项专业建设，提供合格的装备、人员、后勤等保障。

美的集团曾借鉴"军委管总、战区主战、军种主建"的思路，推进集团组织优化：在全国范围内各大市场"战区"设立了几十个商务中心，各商务中心的总经理，主要挑选懂市场和消费一线的人来担任。美的集团在其 2017 年年报中表示，为强化内销终端全品类协同经营，2017 年在全国成立 29 个商务中心，负责承接各地全品类协同工作。通过商务中心责、权、利匹配，充分激发商务中心活力，因地制宜地开展多频次、多品类的联合促销，成效显著。

无论是军队还是企业，都在不断研究和升级组织模式、完善组织体系，以提升组织的战斗力。从内容上来说，既包括宏观的组织模式、组织架构等，也包括微观的岗位分工、编制配置、运作流程及终端末梢的组织方式等。组织体系建设，既需要创新变革的勇气，也需要循序渐进、逐步磨合的耐心，不会一蹴而就。

要素二：管理机制

在《军争篇》中讲道："夫金鼓、旌旗者，所以一人之耳目也。人既专一，则勇者不得独进，怯者不得独退，此用众之法也。"

金鼓、旌旗，是用来统一士兵的视听、统一作战行动的。既然士兵都服从统一指挥，那么勇敢的将士不会单独前进，胆怯的士兵也不会独自退却。这就是指挥大军作战的方法。

在企业管理中，计划、检查、会议、报表、报告、通知、通报、系统平台等，是加强信息传递和指挥控制的手段工具。管理体系成熟的企业，善于运用这些基本的手段工具来提升管理沟通与控制的能力；而一些管理体系不成熟的企业，往往不注重或未能有效运用这些手段工具，导致沟通协作效率低、管控能力弱。

健全的管理制度体系，是组织规范化的基本保障。"法令孰行""赏罚孰明"，严明的军纪军法、公正有力的赏罚制度，是预测战争胜负七大关键要素中的两项。"将弱不严""教道不明"，管理松弛、军纪不严、教导无方，就会导致"吏卒无常""陈兵纵横"和组织混乱无序的局面。组织管理中要让人心有猛虎、心生敬畏，奖罚制度至关重要。激励下属的能力是领导者非常重要的一种能力。

《孙子兵法》在赏罚管理方面提供了丰富思想，其特点是：物质精神相结合、赏罚得当、善于激发，而不仅仅是激励。

第一，精神激励与物质激励相结合。

"杀敌者，怒也；取敌之利者，货也。""杀敌者，怒也。"要让士兵在战场上拼死杀敌，就必须激发他们内心的仇恨与愤怒，这具有强大的精神激励作用。企业在管理中，也应重视激发员工同仇敌忾的奋斗精神、超越历史的豪情壮志、一雪前耻的集体荣誉感。这是成本最低的激励，却是效果最好的精神激励。

第二，赏罚规则明确。

如"故车战，得车十乘以上，赏其先得者"，奖赏要能激发人人争先、敢于冲锋的拼搏行为；同时，赏罚不宜缓，赏之不及则疑，罚之不及则怠。比如，有的企业在管理上比较随意，任务完成后，目标达成了，奖励兑现却因统计核算、审核流程等各种原因经常延后，这就大大降低了激励的效果。

第三，非常之时，要敢于破例。

在特殊情况下或非常时期，做不寻常的事情，达成不寻常的目标，要敢于"施无法之赏，悬无政之令，犯三军之众，若使一人"，打破常规，施以超越例行标准的奖赏，颁发比平常更为严厉的规范要求，以非常之赏罚来激励团队。比如，开拓重要的新业务、新市场时，市场竞争中陷入不利境地，亟须快速突破、扭转局面时，企业就需要敢于破例奖罚。

第四，赏罚得当，注意赏罚节奏和频率。

"数赏者，窘也；数罚者，困也"，频繁地犒赏士兵，不断地惩罚部属，只能说明处境困难。赏罚要适度，滥赏无度，员工拿了奖励还不感激；滥罚无度，人人愤恨，管理者也没有威信，所谓"赏无度，则费而无恩；罚无度，则戮而无威"。

第五，善于利用特定的环境来激发人。

心理学家认为，人的行为是对外部环境刺激所做出的反应，通过改变外部环境的刺激因素就可以强化人的行为。"兵士甚陷则不惧，无所往则固，深入则拘，不得已则斗"，"投之亡地然后存，陷之死地然后生"。形势不好时，跟员工讲透利害关系，反倒容易凝聚人心、稳定队伍，甚至激发斗志。张瑞敏在全厂员工面前，砸掉一批质量不过关的冰箱，实际上就是利用危机状态来刺激、激发团队，置之死地而后生，以达到管理的目的。

在企业经营中，最重要、最核心的奖罚机制，是通过建立战略导向的绩效考核激励体系，将企业的战略目标、任务，转化为每一个组织单元、每一个核心岗位上员工的绩效合同，通过具体的指标、明确的任务、清晰的奖罚，来保障战略落地。这也是我们通常所说的"战略解码"的关键性一环。

要素三：人才队伍

人是战争中最具活力、最具决定性的因素。企业管理与治军统兵一样，落脚点都是"人"。要取得战争胜利，首先要打造一支组织严密、纪律严明、战斗力强的军队。企业要取得市场竞争的胜利，首先要打造一个组织高效、纪律严明、训练有素、充满活力的员工队伍。

既然人是组织的核心要素，是一切战斗力的源泉，那么各级管理者最重要的工作就是：团结队伍，培养人才。

第一，以仁爱恩惠之心团结队伍，是管理队伍的基础。

《行军篇》中讲道："卒未亲附而罚之，则不服，不服则难用也；卒已亲附而罚不行，则不可用也。故令之以文，齐之以武，是谓必取。令素行以教其民，则民服；令不素行以教其民，则民不服。令素行者，与众相得也。"

士兵若不是发自内心地服从、亲近，一旦受罚就会不服；而不服从的士兵是很难差遣使用的；士兵就算已发自内心地服从、亲近，但若不执行军纪规则，那也无法使用。所以，既要怀着仁爱恩惠之心对待士兵，使他们内心亲近；又要用军纪、军法严格处罚，使他们有所畏惧，这样就必定能取得部下的敬畏和拥戴。平常严格贯彻条令，管教士兵，士兵就能养成服从的习惯；平常从来不严格贯彻条令，不管教士兵，士兵就会养成不服从的习惯。平时命令能贯彻执行的，表明将帅同部属之间相处得非常融洽。

作为各级管理者，其实需要遵循同样的管理逻辑，怀着仁爱恩惠之心对待下属，加强团队的凝聚力、向心力，恩威并施，这是通往"上下一心、上下同欲"的必然之路。

第二，加强人才培养，提高能力，建设梯队。

"士卒孰练"，与主孰有道、将孰有能、天地孰得、法令孰行、兵众孰强、赏罚孰明并列，是预测敌我双方战争胜败的七要素之一。

"士卒孰练"，谁的士兵技能更熟练、素养更好，肯定不是每个人自发练出来的，一定是投入大量资源、精力，通过有组织地训练养成的。这一思想突出了员工技能训练与综合能力培养在企业组织能力提升、综合竞争力提升上的重要性。可以说，员工培训是企业最有价值的投资。

《孙子兵法》中没有直接谈如何"练兵"，但可通过其他材料侧面了解。《墨子·非攻》中提道："古者吴阖闾教七年。奉甲执兵，奔三百里而舍焉。"可见孙子所在的吴国，士兵训练强度之大，以及对训练的重视程度。

在《地形篇》中，提出了"兵有六败"，从反面揭示了没有严格训练的部队是要打败仗的。六条中有三条与训练有关。

一是"弛"。"卒强吏弱，曰弛。""吏"是一般中级军官，军官懦弱无能而士兵豪悍的部队，缺乏严格管理，军政弛坏。

二是"陷"。"吏强卒弱，曰陷。"军官英勇，但士兵怯懦，缺乏战斗力，这种部队打起仗来必然陷于失败。

三是"乱"。"将弱不严，教道不明，吏卒无常，陈兵纵横，曰乱。""将弱不严"，即将帅不善管理，纪律废弛；"教道不明"，即将帅不善于做教育启发工作，不懂得训练军队的规律；"吏卒无常"，即官兵关系紧张，没有一定的管理规范；"陈兵纵横"，即训练作战时，部队营阵没有章法，乌合之众。按照孙子的主张，应对军队的教育训练，要高标准、严要求、明教道。

对企业来说，加大员工岗位技能训练，是一项可影响组织效率、团队执行力、战斗力的关键性投资。从组织能力建设角度来说，在大力培养员工的业务技能和综合能力的同时，还应围绕核心岗位建设人才储备梯队。后备人才生生不息，猛将如云，组织能力自然愈加强大。

很多企业发展慢，主要原因不是外部市场没有机会，而是内部核心岗位人才储备不足、接续不上，导致组织行动力弱、竞争力不足。经常面临的情况是，现有人员变动出现岗位空缺或接替者不胜任，或者核心岗位无储备人员，团队无法快速裂变、架构无法拉开的局面。

要素四：士气与文化

第一，建立以客户为中心的企业文化。

在第一章已经讲过，合之于"道"是战略之本。以客户为中心的外之道，是使命、愿景、价值观的精神内核，应成为企业文化建设的落脚点。企业文化的精神内核如果偏离这一点，必然将导致业务行为、管理行为的偏航，带来客户体验的下降、客户感召力的弱化，最终在增长问题上陷入困境。

第二，建立爱兵如子、以人为本的文化。

爱兵如子，以人为本，"上下同欲"的奋斗才有人心基础。"视卒如婴儿，故可与之赴深溪；视卒如爱子，故可与之俱死"，又说"厚而不能使，爱而不能令，乱而不能治，譬若骄子，不可用也"。

如果将帅对待士兵能像对待婴儿和自己的儿子一样，那么士兵就可以和他同生共死、患难与共。以仁爱之心带兵，可激发士兵的情感信任。企业文化中，有对员工好的理念"基因"和制度性设计，就能激发员工对组织的忠诚度、归属感，提升员工为组织目标而自觉奋斗、无私奉献的内在意愿和动力。

同时，关心、爱护不代表放纵不管。如果对士兵厚待却不讲纪律和约束，那么这样的士兵就如同娇惯了的子女，是不可以用来同敌作战的。为了避免把员工、团队成员养成"骄子"，应恩威并用，将关心、爱护与严格要求、规范约束结合起来，宽严相济。

这也是很多企业和团队强调"家文化""兄弟文化"的主要原因之一。因为父兄对待子弟，其不知之处，必然是谆谆教诲，呵护有加；其不当之处，必然教训纠正、督促进步；其不能之处，必然用心培养、努力扶持。因此，无论奖惩宽严，都是诚心诚意、公道公正，员工对组织充满信任和归属感。在这样一种文化下，组织对员工的感召力更强，团队的稳定性、凝聚力和战斗力可大大提高。

京东内部有政策规定，凡是在京东工作 5 年以上的员工，如果遭遇重大疾病，公司都将承担其全部医疗费用。刘强东还宣布，京东的员工只要是在任职期间无论什么原因遭遇不幸，公司都将负责其子女一直到 22 岁的所有学习和生活费用，也就是直到大学毕业。刘强东说："我们大部分的员工都是一线的兄弟，都是家里的顶梁柱，一旦出事，整个家就毁了，我们希望所有的兄弟都好，但人生无常，公司要成为大家最后的依靠。"无独有偶，福耀玻璃的创始人曹德旺先生在采访中也曾表示："福耀员工家庭的嫡系家属生了重病，费用由公司出，治疗员工家庭的孩子，我们花百儿八十万的情况都有。"这都是"爱兵如子、以人为本"企业文化的具体体现。

第三，善于"治气"，重视对"士气"的管理。

孙子提出了"四治"的概念，即"治气""治心""治力""治变"。孙子在讲"治气"的时候，主要是从如何利用敌人"士气"的角度进行阐述的，即"三军可夺气"，"朝气锐，昼气惰，暮气归。故善用兵者，避其锐气，击其惰归"。

对企业管理者来说，"治气"更多是向内看，如何激发和提升我方的"士气"。很多企业在文化建设中，主要集中于企业精神、企业经营哲学、企业价值观等精神内核在行为、制度、器物等方面的落实。虽然管理者都意识到"士气"的重要性，但对"士气"的统筹建设、有效管理却普遍不足。"治气"作为一种兵法思想，在企业文化建设中具有重要启发意义。

"士气"，是员工表现出来的一种群体性竞争意志和奋斗精神，突出表现在对企业组织目标实现的信心度。企业之间的竞争斗法，根本上还是建立在斗势斗志之上的。

"勇怯，势也；强弱，形也"，意思是说，士兵的勇敢与怯弱是受竞争双方总体态势影响的。我们经常可以见到文化价值观很正向的企业，员工士气表现一般或低落的现象，这与企业所处的总体形势有关。但也因此更加凸显出重视"士气"管理的重要性，即：无论当前总体形势是否有利，管理者都应通过加强管理来提升团队士气，促进组织目标达成。

在组织管理中，"治气"有四个基本方法。

途径一：占据道义高点，以具有感召力的使命信念作牵引。

战争中"主孰有道"，得道多助，失道寡助，得"道"、正义的一方士气更为强大。在商战中，与竞争对手在使命责任和价值观上形成"势差"。那些真正对客户好的企业、积极促进行业良性发展的企业、策略行为更符合社会责任和人类共同利益的企业，通过有效的宣传引导，亦在激烈的竞争中实现士气占优。红军即使在艰难的长征中，依然能够保持高昂的士气和斗志，担负起解放全中国的伟大使命，对正义终将胜利抱有坚定信念。这种使命和信念深入人心后，会产生愈战愈勇、百折不挠的精神，对团队士气产生强大的正向牵引。

途径二：营造整体有利的态势，塑造积极进取的气势。

"激水之疾，至于漂石者，势也"，"善战者，求之于势，不责于人，故能择人而任势"，"三军可夺气，将军可夺心"，这些都是兵法中对"势"的运用。企业通过行业选择、业务布局、生态布局、品牌塑造、文化宣传等方面的谋划、营造，都将有利于营造整体有利的态势，有助于提升整体士气、激励团队。

途径三：保持团队"锐气"、防止"惰气"。

"是故朝气锐，昼气惰，暮气归。善用兵者，避其锐气，击其惰归，此治气者也。"企业应结合自身情况，通过管理手段，让团队保持并提升有冲劲、有创造力的"锐气"，防止团队产生懈怠散漫的"惰气、暮归之气"。而要做到这一点，企业应做到"四有"：一是组织有目标，拥有清晰的、具激励性的近期和远期目标；二是干部有激情，核心干部要有激情和进取心；三是工作有计划，推行严格的计划管理，让团队有事做、做实事，人闲则散，懈怠之气渐生；四是奖罚有规矩，赏优罚劣，末位淘汰，处罚极少数，鞭策大多数。

途径四：打胜仗。

打胜仗最能激发士气斗志。在抗日战争最困难的时期，平型关大捷、台儿庄战役等取得胜利，极大增强了全国人民的抗战斗志和必胜信心。当企业面临士气低落、斗志松懈的局面时，振奋团队士气最好的方式，就是精心筹划组织，打几场胜仗。传播胜利的精神状态、塑造学习的典型榜样，感染、激发每一个人的信心；总结胜利的原因和待提升的空间，推进组织管理变革。

第二节 ● 组织迭代支撑战略发展

正如前面讲到的诺基亚败退于智能手机时代一样，很多企业的失败往往不是战略方向上的认知不足，而是组织的体系、机制、文化风格、人才队伍等方面并未适应新的环境或新的战略要求，组织能力僵化，造成战略进化不足或新战略执行僵化。

优秀的组织，并不是不能犯错，而是能够快速迭代、自我革命。发动组织变革，是让组织具备进化能力的一种方式。可以说，新的战略确定后，调整组织系统、升级组织能力，以此来支撑业务创新与扩张，是决定战略实现的关键性动作。当然，组织变革牵一发而动全身，需要谋定而后动。

【阿里：组织升级紧跟战略调整】

阿里巴巴业务扩张、开疆拓土的背后，是一轮又一轮的组织升级。这种组织升级，主要体现在组织体系、机制建设、人才梯队和文化建设等各方面。

从组织体系来说，在发展早期，2005年之前，阿里根据四大业务下设子公司，包括 1999 年成立的B2B、2003 年成立的淘宝、2004 年成立的支付宝、2005 年收购的雅虎中国，子公司内采用职能型组织架构运行，组织结构简单高效。随着业务变化和规模急剧增长，2010 年开始聚焦大淘宝，先后拆分设立了淘宝网、一淘网、商城、聚划算，深度布局电商模式。2012 年，采取设立事业群组织模式，设立了七大事业群。2013 年，为了应对剧烈的外部竞争趋势、移动互联网普及趋势，以及加强内部协同、授权，进一步对组织架构进行调整，将七大事业群拆分为 25 个事业部，实行事业部制。2015 年，开始实施"小前台、大中台"组织战略，将组织结构从"树状"结构向更加高效的"网状"结构升级，避免资源重复建设，并以更高效率支持前线业务竞争。2018 年，为了进一步落实新零售战略，升级大天猫，涵盖天猫事业群、天猫超市事业群、天猫进出口事业群。2019 年后，总体架构以阿里云（技术基建）、蚂蚁金服（金融基建）、阿里妈妈（营销平台）和菜鸟（物流基建）为四大底层基建平台，支撑核心电商、数字媒体和娱乐、创新项目等业务板块的发展。

从管理机制来说，从业务运营、生态构建、技术创新到综合管理，阿里建立了非常系统的管理方法与制度体系，其发展的一些独特管理机制，如文化价值观考核机制、政委体系等，不仅促进了自身业务发展，也给其他企业提供了不少启发。

从人才梯队来说，在创立早期，"十八罗汉"搭班子；在快速发展阶段，每年从全球各地大规模招募运营、管理、技术等各类人才，并成立湖畔学院，持续建设高层、中层、基层管理人才的梯队体系；通过设立组织部，强化对高级人才的考评管理，对他们的晋升、转岗、调动等进行归口管理。正是一系列诸如此类人才梯队建设的保障，为业务高速增长提供了源源不断的人才输出。

从文化建设来说，从创业初期的"独孤九剑"，到快速成长期的"六脉神剑"，再到 2019 年提出的"新六脉神剑"，企业文化随着公司发展战略变化和新一阶段的管理需要，不断演进升级。

纵观阿里的组织建设历程，每一轮组织变革，都始终以公司发展战略调整为牵引；同时，以组织升级为先导、向组织力要执行力和战斗力，又恰是阿里发展战略得以高效执行的重要因素。

自我诊断：组织管理现状诊断

识别组织问题，是解决组织问题、加强组织建设的第一步。我们可以从七个主要方面来识别和分析组织问题。

组织管理现状自我诊断表

序号		典型的组织问题	诊断描述
1	目标信念	组织缺乏共同的远大目标和清晰的近期目标，只是关注个人利益。	
		价值理念不统一。	
2	分工协作	分工不明确，责任不清晰，管理混乱，部门之间沟通不通畅、矛盾多，协同性差，不团结。	
3	管理规范	员工工作懒散懈怠、随意，纪律性、规范性、执行力差，生产故障、安全隐患（事件）、客户投诉等问题频出。	

续 表

序号		典型的组织问题	诊断描述
4	组织响应	市场反应慢、抗压能力弱，对客户和市场变化响应不及时甚至麻木不仁，没有服务意识和危机意识。	
5	组织赋能	中后台部门不能很好地为前台一线团队赋能，依赖个人能力单打独斗。	
6	人才梯队	人员流动性大，团队不稳定。	
		人才梯队残缺，对少数人依赖度高，知识经验得不到传承复制，团队成长慢。	
7	绩效产出	人工成本高，组织臃肿，人浮于事。	
		人均业绩、人均利润产出水平低。	

参考文献

1.钮先钟:《孙子三论:从古兵法到新战略》,上海:文汇出版社,2018.

2.宫玉振:《善战者说——孙子兵法与取胜法则十二讲》,北京:中信出版社,2020.

3.大桥武夫:《用兵法经营》,徐州:中国矿业大学出版社,1992.

4.伊丹敬之:《跟孙子兵法学领导力》,鲁敏慧,魏仙丽译,北京:华夏出版社,2020.

5.冈田武彦:《孙子兵法新解:王阳明兵学智慧的源头》,钱明,徐修竹译,重庆:重庆出版社,2017.

6.毛泽东:《毛泽东选集》,北京:人民出版社,1991.

7.杨信礼:《重读〈论持久战〉》,北京:人民出版社,2018.

8.克劳塞维茨:《战争论》,中国人民解放军军事科学院译,北京:解放军出版社,2005.

9.亨利·明茨伯格,布鲁斯·阿尔斯特兰德,约瑟夫·兰佩尔:《战略历程》(修订版),魏江译,北京:机械工业出版社,2006.

10.王方华,陈继祥,徐飞:《战略管理》,上海:上海交通大学出版社,2016.

11.迈克尔·波特:《竞争战略》,陈小悦译,北京:华夏出版社,

2016.

12.罗伯特·卡普兰，戴维·诺顿：《战略中心型组织：平衡计分卡的致胜战略》，上海博意门咨询有限公司译，北京：中国人民大学出版社，2008.

13.黄卫伟等编《以奋斗者为本——华为公司人力资源管理纲要》，北京：中信出版社，2014.

14.黄卫伟主编《以客户为中心——华为公司业务管理纲要》，北京：中信出版社，2016.

15.宋金波，韩福东：《阿里铁军——阿里巴巴销售铁军的进化、裂变与复制》，北京：中信出版社，2017.

16.吴晓波：《腾讯传（1998—2016）：中国互联网公司进化论》，杭州：浙江大学出版社，2017.

17.黄卫伟主编《价值为纲——华为公司财经管理纲要》，北京：中信出版社，2017.

18.亚德里安·斯莱沃斯基，大卫·莫里森，鲍勃·安德尔曼：《发现利润区》，吴春雷译，北京：中信出版社，2018.

19.倪云华：《正向盈利——从全球40个商业模式看企业的盈利与未来》，北京：北京大学出版社，2020.

20.杨光，辛国奇，等：《"中国造隐形冠军"的9个传奇》，北京：企业管理出版社，2021.

21.伊查克·爱迪思：《企业生命周期》，王玥译，北京：中国人民大学出版社，2017.

附录 ●《孙子兵法》*原文

说明:《孙子兵法》为春秋时期著名军事家孙武所著,由计篇、作战篇、谋攻篇、军形篇、势篇、虚实篇、军争篇、九变篇、行军篇、地形篇、九地篇、火攻篇及用间篇共13篇组成,其中贯穿着丰富的战略战术思想,对企业经营管理极具启发,为古今中外众多商业大家所推崇。

计 篇

孙子曰:兵者,国之大事,死生之地,存亡之道,不可不察也。

故经之以五事,校之以计而索其情:一曰道,二曰天,三曰地,四曰将,五曰法。道者,令民与上同意也,故可以与之死,可以与之生,而不畏危。天者,阴阳、寒暑、时制也。地者,远近、险易、广狭、死生也。将者,智、信、仁、勇、严也。法者,曲制、官道、主用也。凡此五者,将莫不闻,知之者胜,不

---

* 孙武:《孙子兵法》(珍藏版),《深度军事》编委会译注,清华大学出版社,2019。

知之者不胜。

故校之以计而索其情，曰：主孰有道？将孰有能？天地孰得？法令孰行？兵众孰强？士卒孰练？赏罚孰明？吾以此知胜负矣。

将听吾计，用之必胜，留之；将不听吾计，用之必败，去之。计利以听，乃为之势，以佐其外。势者，因利而制权也。兵者，诡道也。故能而示之不能，用而示之不用，近而示之远，远而示之近。利而诱之，乱而取之，实而备之，强而避之，怒而挠之，卑而骄之，佚而劳之，亲而离之，攻其无备，出其不意。此兵家之胜，不可先传也。

夫未战而庙算胜者，得算多也；未战而庙算不胜者，得算少也。多算胜，少算不胜，而况于无算乎！吾以此观之，胜负见矣。

作战篇

孙子曰：凡用兵之法，驰车千驷，革车千乘，带甲十万，千里馈粮，则内外之费，宾客之用，胶漆之材，车甲之奉，日费千金，然后十万之师举矣。

其用战也胜，久则钝兵挫锐，攻城则力屈，久暴师则国用不足。夫钝兵挫锐，屈力殚货，则诸侯乘其弊而起，虽有智者，不能善其后矣。故兵闻拙速，未睹巧之久也。夫兵久而国利者，未之有也。故不尽知用兵之害者，则不能尽知用兵之利也。

善用兵者，役不再籍，粮不三载，取用于国，因粮于敌，故军食可足也。

国之贫于师者远输，远输则百姓贫；近师者贵卖，贵卖则百姓财竭，财竭则急于丘役。力屈、财殚，中原内虚于家。百姓之费，十去其七；公家之费，破车罢马，甲胄矢弩，戟楯蔽橹，丘牛大车，十去其六。

故智将务食于敌，食敌一钟，当吾二十钟；萁秆一石，当吾二十石。故杀敌者，怒也；取敌之利者，货也。故车战，得车十乘以上，赏其先得者，而更其旌旗，车杂而乘之，卒善而养之，是谓胜敌而益强。

故兵贵胜，不贵久。

故知兵之将，生民之司命，国家安危之主也。

谋攻篇

孙子曰：凡用兵之法，全国为上，破国次之；全军为上，破军次之；全旅为上，破旅次之；全卒为上，破卒次之；全伍为上，破伍次之。是故百战百胜，非善之善者也；不战而屈人之兵，善之善者也。

故上兵伐谋，其次伐交，其次伐兵，其下攻城。攻城之法，为不得已。修橹轒辒，具器械，三月而后成；距堙，又三月而后已。将不胜其忿而蚁附之，杀三分之一，而城不拔者，此攻之灾也。

故善用兵者，屈人之兵而非战也，拔人之城而非攻也，毁人之国而非久也。

必以全争于天下，故兵不顿而利可全，此谋攻之法也。

故用兵之法，十则围之，五则攻之，倍则分之，敌则能战之，少则能逃之，不若则能避之。故小敌之坚，大敌之擒也。

夫将者，国之辅也，辅周则国必强，辅隙则国必弱。

故君之所以患于军者三：不知军之不可以进，而谓之进；不知军之不可以退，而谓之退，是谓縻军。不知三军之事，而同三军之政者，则军士惑矣。不知三军之权，而同三军之任，则军士疑矣。三军既惑且疑，则诸侯之难至矣，是谓乱军引胜。

故知胜有五：知可以战与不可以战者胜，识众寡之用者胜，上下同欲者胜，以虞待不虞者胜，将能而君不御者胜。此五者，知胜之道也。

故曰：知彼知己者，百战不殆；不知彼而知己，一胜一负；不知彼不知己，每战必殆。

军形篇

孙子曰：昔之善战者，先为不可胜，以待敌之可胜。不可胜在己，可胜在敌。故善战者，能为不可胜，不能使敌之可胜。故曰：胜可知，而不可为。不可胜者，守也；可胜者，攻也。守则不足，攻则有余。善守者，藏于九地之下；善攻者，动于九天之上。故能自保而全胜也。

见胜不过众人之所知，非善之善者也；战胜而天下曰善，非善之善者也。故举秋毫不为多力，见日月不为明目，闻雷霆不为聪耳。古之所谓善战者，胜于易胜者也。故善战者之胜也，无智名，无勇功，故其战胜不忒。不忒者，其所措必胜，胜已败者也。故善战者，立于不败之地，而不失敌之败也。是故胜兵先胜而后求战，败兵先战而后求胜。善用兵者，修道而保法，故能为胜败之政。

兵法：一曰度，二曰量，三曰数，四曰称，五曰胜。地生度，度生量，量生数，数生称，称生胜。

故胜兵若以镒称铢，败兵若以铢称镒。胜者之战民也，若决积水于千仞之溪者，形也。

势 篇

孙子曰：凡治众如治寡，分数是也；斗众如斗寡，形名是也；三军之众，可使必受敌而无败者，奇正是也；兵之所加，如以碫投卵者，虚实是也。

凡战者，以正合，以奇胜。故善出奇者，无穷如天地，不竭如江河。终而复始，日月是也；死而复生，四时是也。声不过五，五声之变，不可胜听也；色不过五，五色之变，不可胜观也；味不过五，五味之变，不可胜尝也；战势不过奇正，奇正之变，不可胜穷也。奇正相生，如循环之无端，孰能穷之？

激水之疾，至于漂石者，势也；鸷鸟之疾，至于毁折者，节也。是故善战者，其势险，其节短。势如彍弩，节如发机。纷纷纭纭，斗乱而不可乱也；浑浑沌沌，形圆而不可败也。

乱生于治，怯生于勇，弱生于强。治乱，数也；勇怯，势也；强弱，形也。

故善动敌者，形之，敌必从之；予之，敌必取之。以利动之，以卒待之。

故善战者，求之于势，不责于人，故能择人而任势。任势者，其战人也，如转木石。木石之性，安则静，危则动，方则止，圆则行。故善战人之势，如转圆石于千仞之山者，势也。

虚实篇

孙子曰：凡先处战地而待敌者佚，后处战地而趋战者劳。故善战者，致人而不致于人。

能使敌人自至者，利之也；能使敌人不得至者，害之也。故敌佚能劳之，饱能饥之，安能动之。出其所不趋，趋其所不意。

行千里而不劳者，行于无人之地也。攻而必取者，攻其所不守也；守而必固者，守其所不攻也。故善攻者，敌不知其所守；善守者，敌不知其所攻。微乎微乎，至于无形；神乎神乎，至于无声，故能为敌之司命。

进而不可御者，冲其虚也；退而不可追者，速而不可及也。故我欲战，敌虽高垒深沟，不得不与我战者，攻其所必救也；我不欲战，画地而守之，敌不得与我战者，乖其所之也。

故形人而我无形，则我专而敌分。我专为一，敌分为十，是以十攻其一也，则我众敌寡。能以众击寡者，则吾之所与战者，约矣。吾所与战之地不可知，不可知，则敌所备者多；敌所备者多，则吾所与战者，寡矣。故备前则后寡，备后则前寡；备左则右寡，备右则左寡；无所不备，则无所不寡。寡者，备人者也；众者，使人备己者也。

故知战之地，知战之日，则可千里而会战。不知战地，不知战日，则左不能救右，右不能救左，前不能救后，后不能救前，而况远者数十里，近者数里乎？

以吾度之，越人之兵虽多，亦奚益于胜败哉？故曰：胜可为也。故虽众，可使无斗。

故策之而知得失之计，作之而知动静之理，形之而知死生之地，角之而知有余不足之处。

故形兵之极，至于无形。无形，则深间不能窥，智者不能谋。因形而错胜于众，众不能知。人皆知我所以胜之形，而莫知吾所以制胜之形。故其战胜不复，而应形于无穷。

夫兵形象水，水之形，避高而趋下；兵之形，避实而击虚。水因地而制流，兵因敌而制胜。故兵无常势，水无常形，能因敌变化而取胜者，谓之神。故五行无常胜，四时无常位，日有短长，月有死生。

军争篇

孙子曰：凡用兵之法，将受命于君，合军聚众，交和而舍，莫难于军争。军争之难者，以迂为直，以患为利。故迂其途，而诱之以利，后人发，先人至，此知迂直之计者也。

军争为利，军争为危。举军而争利，则不及；委军而争利，则辎重捐。是故卷甲而趋，日夜不处，倍道兼行，百里而争利，则擒三将军，劲者先，疲者后，其法十一而至。五十里而争利，则蹶上将军，其法半至；三十里而争利，则三分之二至。是故军无辎重则亡，无粮食则亡，无委积则亡。

故不知诸侯之谋者，不能豫交；不知山林、险阻、沮泽之形者，不能行军；不用乡导者，不能得地利。

故兵以诈立，以利动，以分和为变者也。故其疾如风，其徐如林，侵掠如火，不动如山，难知如阴，动如雷震。掠乡分众，廓地分利，悬权而动。先知迂直之计者胜，此军争之法也。

《军政》曰："言不相闻，故为之金鼓；视不相见，故为之旌旗。"夫金鼓、旌旗者，所以一人之耳目也。人既专一，则勇者不得独进，怯者不得独退，此用众之法也。故夜战多金鼓，昼战多旌旗，所以变人之耳目也。

故三军可夺气，将军可夺心。是故朝气锐，昼气惰，暮气归。故善用兵者，避其锐气，击其惰归，此治气者也。以治待乱，以静待哗，此治心者也。以近待远，以佚待劳，以饱待饥，此治力者也。无邀正正之旗，勿击堂堂之阵，此治变者也。

故用兵之法，高陵勿向，背丘勿逆，佯北勿从，锐卒勿攻，饵兵勿食，归师勿遏，围师必阙，穷寇勿迫，此用兵之法也。

九变篇

孙子曰：凡用兵之法，将受命于君，合军聚众，圮地无舍，衢地交合，绝地无留，围地则谋，死地则战。

途有所不由，军有所不击，城有所不攻，地有所不争，君命有所不受。故将通于九变之地利者，知用兵矣。将不通九变之利，虽知地形，不能得地之利矣。

治兵不知九变之术，虽知五利，不能得人之用矣。是故智者之虑，必杂于利害。

杂于利，而务可信也；杂于害，而患可解也。

是故屈诸侯者以害，役诸侯者以业，趋诸侯者以利。

故用兵之法，无恃其不来，恃吾有以待之；无恃其不攻，恃吾有所不可攻也。

故将有五危：必死可杀，必生可虏，忿速可侮，廉洁可辱，爱民可烦。凡此五者，将之过也，用兵之灾也。覆军杀将，必以五危，不可不察也。

行军篇

孙子曰：凡处军相敌，绝山依谷，视生处高，战隆无登，此处山之军也。绝水必远水，客绝水而来，勿迎之于水内，令半济而击之，利；欲战者，无附于水而迎客；视生处高，无迎水流，此处水上之军也。绝斥泽，唯亟去无留，若交军于斥泽之中，必依水草而背众树，此处斥泽之军也。平陆处易，而右背高，前死后生，此处平陆之军也。凡此四军之利，黄帝之所以胜四帝也。

凡军好高而恶下，贵阳而贱阴，养生处实。军无百疾，是谓必胜。丘陵堤防，必处其阳，而右背之。此兵之利，地之助也。

上雨，水沫至，欲涉者，待其定也。

凡地，有绝涧、天井、天牢、天罗、天陷、天隙，必亟去之，勿近也。吾远之，敌近之；吾迎之，敌背之。

军行有险阻、潢井、葭苇、山林、翳荟者，必谨覆索之，此伏奸之所处也。

敌近而静者，恃其险也；远而挑战者，欲人之进也。其所居易者，利也。

众树动者，来也；众草多障者，疑也；鸟起者，伏也；兽骇者，覆也；尘高而锐者，车来也；卑而广者，徒来也；散而条达者，樵采也；少而往来者，营军也。

辞卑而备者，进也；辞强而进驱者，退也；轻车先出，居其侧者，陈也；无约而请和者，谋也；奔走而陈兵者，期也；半进半退者，诱也。

杖而立者，饥也；汲而先饮者，渴也；见利而不进者，劳也；鸟集者，虚也；夜呼者，恐也。

军扰者，将不重也；旌旗动者，乱也；吏怒者，倦也；粟马肉食，军无悬瓵；不返其舍者，穷寇也；谆谆翕翕，徐与人言者，失众也；数赏者，窘也；数罚者，困也；先暴而后畏其众者，不精之至也；来委谢者，欲休息也；兵怒而相迎，久而不合，又不相去，必谨察之。

兵非益多也，惟无武进，足以并力、料敌、取人而已。夫惟无虑而易敌者，必擒于人。

卒未亲附而罚之，则不服，不服则难用也；卒已亲附而罚不行，则不可用也。

故令之以文，齐之以武，是谓必取。令素行以教其民，则民服；令不素行以教其民，则民不服。令素行者，与众相得也。

地形篇

孙子曰：地形有通者，有挂者，有支者，有隘者，有险者，有远者。我可以往，彼可以来，曰通。通形者，先居高阳，利粮道，以战则利。可以往，难以返，曰挂。挂形者，敌无备，出而胜之；敌若有备，出而不胜，难以返，不利。我出而不利，彼出而不利，曰支。支形者，敌虽利我，我无出也；引而去之，令敌半出而击之，利。隘形者，我先居之，必盈之以待敌；若敌先居之，盈而勿从，不盈而从之。险形者，我先居之，必居高阳以待敌；若敌先居之，引而去之，勿从也。远形者，势均，难以挑战，战而不利。凡此六者，地之道也，将之至任，不可不察也。

故兵有走者，有驰者，有陷者，有崩者，有乱者，有北者。凡此六者，非天之灾，将之过也。夫势均，以一击十，曰走。卒强吏弱，曰驰。吏强卒弱，曰陷。

大吏怒而不服，遇敌怼而自战，将不知其能，曰崩；将弱不严，教道不明，吏卒无常，陈兵纵横，曰乱。将不能料敌，以少合众，以弱击强，兵无选锋，曰北。

凡此六者，败之道也，将之至任，不可不察也。

夫地形者，兵之助也。料敌制胜，计险厄、远近，上将之道也。知此而用战者必胜，不知此而用战者必败。

故战道必胜，主曰无战，必战可也；战道不胜，主曰必战，无战可也。故进不求名，退不避罪，唯民是保，而利合于主，国之宝也。

视卒如婴儿，故可与之赴深溪；视卒如爱子，故可与之俱死。厚而不能使，爱而不能令，乱而不能治，譬若骄子，不可用也。

知吾卒之可以击，而不知敌之不可击，胜之半也；知敌之可击，而不知吾卒之不可以击，胜之半也；知敌之可击，知吾卒之可以击，而不知地形之不可以战，胜之半也。故知兵者，动而不迷，举而不穷。故曰：知彼知己，胜乃不殆；知天知地，胜乃不穷。

九地篇

孙子曰：用兵之法，有散地，有轻地，有争地，有交地，有衢地，有重地，有圮地，有围地，有死地。诸侯自战其地，为散地；入人之地而不深者，为轻地；我得则利，彼得亦利者，为争地；我可以往，彼可以来者，为交地；诸侯之地三属，先至而得天下之众者，为衢地；入人之地深，背城邑多者，为重地；行山林、险阻、沮泽，凡难行之道者，为圮地；所由入者隘，所从归者迂，彼寡可以击吾之众者，为围地；疾战则存，不疾战则亡者，为死地。

是故散地则无战，轻地则无止，争地则无攻，交地则无绝，衢地则合交，重地则掠，圮地则行，围地则谋，死地则战。

所谓古之善用兵者，能使敌人前后不相及，众寡不相恃，贵贱不相救，上下不相收，卒离而不集，兵合而不齐。

合于利而动，不合于利而止。

敢问："敌众整而将来，待之若何？"曰："先夺其所爱，则听矣。"

兵之情主速，乘人之不及，由不虞之道，攻其所不戒也。

凡为客之道：深入则专，主人不克；掠于饶野，三军足食；谨养而勿劳，并气积力；运兵计谋，为不可测。投之无所往，死且不北。死焉不得，士人尽力。

兵士甚陷则不惧，无所往则固，深入则拘，不得已则斗。是故其兵不修而戒，不求而得，不约而亲，不令而信。禁祥去疑，至死无所之。吾士无余财，非恶货也；无余命，非恶寿也。令发之日，士卒坐者涕沾襟，偃卧者涕交颐，投之无所往，诸、刿之勇也。

故善用兵者，譬如率然。率然者，常山之蛇也。击其首则尾至，击其尾则首至，击其中则首尾俱至。敢问："兵可使如率然乎？"曰："可。"夫吴人与越人相恶也，当其同舟而济，遇风，其相救也如左右手。是故方马埋轮，未足恃也；齐勇若一，政之道也；刚柔皆得，地之理也。故善用兵者，携手若使一人，不得已也。

将军之事，静以幽，正以治。能愚士卒之耳目，使之无知；易其事，革其谋，使人无识；易其居，迂其途，使人不得虑。帅与之期，如登高而去其梯；帅与之深入诸侯之地，而发其机，焚舟破釜，若驱群羊，驱而往，驱而来，莫知所之。

聚三军之众，投之于险，此谓将军之事也。九地之变，屈伸之利，人情之理，不可不察。

凡为客之道，深则专，浅则散。去国越境而师者，绝地也；四通者，衢地也；入深者，重地也；入浅者，轻地也；背固前隘者，围地也；无所往者，死地也。

是故散地，吾将一其志；轻地，吾将使之属；争地，吾将趋其后；交地，吾将谨其守；衢地，吾将固其结；重地，吾将继其食；圮地，吾将进其途；围地，吾将塞其阙；死地，吾将示之以不活。

故兵之情：围则御，不得已则斗，过则从。

是故不知诸侯之谋者，不能预交；不知山林、险阻、沮泽之形者，不能行军；不用乡导者，不能得地利。四五者，不知一，非霸王之兵也。夫霸王之兵，伐大国，则其众不得聚；威加于敌，则其交不得合。是故不争天下之交，不养天下之权，信己之私，威加于敌，则其城可拔，其国可隳。施无法之赏，悬无政之令，犯三军之众，若使一人。犯之以事，勿告以言；犯之以利，勿告以害。投之亡地然后存，陷之死地然后生。夫众陷于害，然后能为胜败。

故为兵之事，在顺详敌之意，并敌一向，千里杀将，是谓巧能成事者也。

是故政举之日，夷关折符，无通其使，厉于廊庙之上，以诛其事。敌人开阖，必亟入之。先其所爱，微与之期。践墨随敌，以决战事。是故始如处女，敌人开户；后如脱兔，敌不及拒。

火攻篇

孙子曰：凡火攻有五，一曰火人，二曰火积，三曰火辎，四曰火库，五曰火队。

行火必有因，烟火必素具。发火有时，起火有日。时者，天之燥也；日者，月在箕、壁、翼、轸也。凡此四宿者，风起之日也。

凡火攻，必因五火之变而应之。火发于内，则早应之于外。火发而兵静者，待而勿攻。极其火力，可从而从之，不可从而止。火可发于外，无待于内，以时发之。火发上风，无攻下风。昼风久，夜风止。凡军必知五火之变，以数守之。

故以火佐攻者明，以水佐攻者强。水可以绝，不可以夺。

夫战胜攻取，而不修其功者，凶，命曰"费留"。故曰：明主虑之，良将修之。非利不动，非得不用，非危不战。

主不可以怒而兴师，将不可以愠而致战。合于利而动，不合于利而止。怒可以复喜，愠可以复悦，亡国不可以复存，死者不可以复生。故明君慎之，良将警之，此安国全军之道也。

用间篇

孙子曰：凡兴师十万，出征千里，百姓之费，公家之奉，日费千金；内外骚动，怠于道路，不得操事者七十万家。相守数年，以争一日之胜，而爱爵禄百金，不知敌之情者，不仁之至也，非人之将也，非主之佐也，非胜之主也。故明君贤将，所以动而胜人，成功出于众者，先知也。先知者，不可取于鬼神，不可象于事，不可验于度，必取于人，知敌之情者也。

故用间有五：有因间，有内间，有反间，有死间，有生间。五间俱起，莫知其道，是谓神纪，人君之宝也。乡间者，因其乡人而用之；内间者，因其官人而用之；反间者，因其敌间而用之；死间者，为诳事于外，令吾间知之，而传于敌间也；生间者，反报也。

故三军之事，莫亲于间，赏莫厚于间，事莫密于间。非圣智不能用间，非仁义不能使间，非微妙不能得间之实。微哉微哉！无所不用间也。

间事未发而先闻者，间与所告者皆死。凡军之所欲击，城之所欲攻，人之所欲杀，必先知其守将、左右、谒者、门者、舍人之姓名，令吾间必索知之。必索敌人之间来间我者，因而利之，导而舍之，故反间可得而用也。因是而知之，故乡间、内间可得而使也；因是而知之，故死间为诳事，可使告敌；因是而知之，故生间可使如期。五间之事，主必知之，知之必在于反间，故反间不可不厚也。

昔殷之兴也，伊挚在夏；周之兴也，吕牙在殷。故惟明君贤将，能以上智为间者，必成大功。此兵之要，三军之所恃而动也。